改訂増補

調査現場からの厳選蔵出し事例集

税理士が判断に迷う会社税務130例

税理士
馬場　文明　著

清文社

ま　え　が　き

最近の企業活動の多様化や国際化、働き方改革とコンプライアンスの順守など、社会経済の大きな変革により、法人税に関する規定が年々複雑・難解になっています。

そんな中、一般の問答集では取り上げられないような質疑内容を厳選して、税務当局がどのような考え方で事実を認定し、税法を適用しているのかをテーマに新しい法人税の問答集を執筆しました。

本書は、実務に携わっておられる皆さんが、こんな場合はどう考えれば良いのだろうかと悩んだときに、悩みの解決の一助となるような、他にはない内容をちりばめています。

本書が、企業の経理担当者をはじめ職業会計人の方々の実務の良きパートナーとして、手助けになれば幸いです。

初版を上梓してほぼ１年。幸いにも初版に掲載しきれなかった事例を追加して改訂版を発刊させていただく運びとなりました。

なお、本書は、紙幅の制約上、全体を通して事実関係を十分に表現しているものではありません。また、筆者の個人的見解を記載した部分もあることから、個々の具体的な事案に対する判断材料として活用していただきたいと考えます。

本書の出版に当たり、清文社の小泉定裕社長には貴重な助言を頂きました。また、編集担当の宇田川真一郎氏にもお世話になりました。厚く御礼申し上げます。

令和３年５月　改訂に際し　税理士　馬　場　文　明

目次

第1編　法人税

第５節　加算税

第２編　消費税

第１章　消費税額の計算

第２章　リバースチャージ方式

第３編　源泉所得税

第１章　非居住者所得に係る源泉徴収

第２章　給与所得者に係る源泉徴収

凡　例

本文の主な法令・通達等は、下記の略語を用いています。

法・・・・・・・・・・法人税法
令・・・・・・・・・・法人税法施行令
規・・・・・・・・・・法人税法施行規則
措法・・・・・・・・・租税特別措置法
措令・・・・・・・・・租税特別措置法施行令
措規・・・・・・・・・租税特別措置法施行規則
所法・・・・・・・・・所得税法
所令・・・・・・・・・所得税法施行令
消法・・・・・・・・・消費税法
消令・・・・・・・・・消費税法施行令
耐用年数省令・・・・・減価償却資産の耐用年数等に関する省令
通法・・・・・・・・・国税通則法
通令・・・・・・・・・国税通則法施行令
法基通・・・・・・・・法人税基本通達
所基通・・・・・・・・所得税基本通達
消基通・・・・・・・・消費税法基本通達
相基通・・・・・・・・相続税法基本通達
措通・・・・・・・・・租税特別措置法（法人税関係）通達
耐通・・・・・・・・・耐用年数の適用等に関する取扱通達
復興財確法・・・・・・東日本大震災からの復興のための施策を実施するために必要な財源の確保に関する特別措置法

※本書は、令和３年５月15日現在の法令通達等の内容によっています。

第1編

法人税

第1章

資本等取引

自己株式を取得した場合の取扱い

Q 1

Ａ社は、退職する従業員から、その従業員が所有するＡ社株式10株を150万円で買い取ることを求められたため、相対で買い取ることにしました。

その株式の発行価額は、１株当たり12万円でした。

この場合、税務上はどのように取り扱うべきでしょうか。

A

30万円は、みなし配当として所得税等の源泉徴収の対象となり、120万円は、貸借対照表の資本金等の額に「自己株式」としてマイナス表示します。

解　説

平成13年の商法改正により、法人は自己株式を取得することができるようになりました。その一方で、自己株式を市場を通さずに取得したことにより、交付した金銭の額及び金銭以外の資産の価額の合計額が取得資本金額（自己株式を取得する直前の資本等の額を自己株式を取得する直前の発行済株式等の総数で割って計算した金額に、取得した株式の数を掛けて計算した金額）を超える場合に、その超える部分の金額は、みなし配当として自己株式の取得の時に利益積立金額を減算する処理を行います（法２十八、令９①十四、法24①五）。

そして、取得対価のうちみなし配当となる金額以外の部分の金額は、取得時に資本金等の額を減算する処理を行います（法２十六、令８①二十）。

Ａ社は、自己株式の取得によりみなし配当とされた金額（150万円－12万円×10株＝30万円）の20.42％の所得税と復興特別所得税を源泉徴収する必要があります（所法25①五、182二、復興財確法28②）。

なお、法人が自己株式を市場を通して取得した場合には、取得費用相当額を資本金等の額から減算する処理を行い、みなし配当は発生しません。

Ａ社が自己株を相対で取得した場合の仕訳は、会計上

自己株式	150万円	／	現金預金	150万円

税務上の仕訳は、

資本金等の額	120万円	／	現金預金	150万円
利益積立金額	30万円		（源泉所得税については省略）	

申告書別表の処理は、次のとおりです。

所得の金額の計算に関する明細書　事業年度　・　・　・　・　法人名　Ａ社　別表四

御注意

区分		総額 ①	処分 留保 ②	社外流出 ③	
当期利益又は当期欠損の額	1	円	△300,000 円	配当	300,000 円
				その他	
損金経理をした法人税及び地方法人税（附帯税を除く。）	2				

一47

利益積立金額及び資本金等の額の計算に関する明細書

事業年度	・・ ・・	法人名	A社

別表五(一)

御注意

1 この…

2 発…表五(一)付表（別表五(一)付表）の記載が必要となりますので御注意ください。

中間分、確定分法人税県市民税の合計額

Ⅰ 利益積立金額の計算に関する明細書

区分		期首現在利益積立金額	当期の増減		差引翌期首現在利益積立金額 ①－②＋③
			減	増	
		①	②	③	④
利益準備金	1	円	円	円	円
	24				
資本金等の額	25			△300,000	△300,000
繰越損益金（損は赤）	26	5,000,000			5,000,000
納税充当金	27				
未納法人税等（退職年金等積立金に対するものを除く。） 未納法人税及び未納地方法人税（附帯税を除く。）	28	△	△	中間 △ 確定 △	△
未納道府県民税（均等割額を含む。）	29	△	△	中間 △ 確定 △	△
未納市町村民税（均等割額を含む。）	30	△	△	中間 △ 確定 △	△
差引合計額	31	5,000,000		△300,000	4,700,000

Ⅱ 資本金等の額の計算に関する明細書

区分		期首現在資本金等の額	当期の増減		差引翌期首現在資本金等の額 ①－②＋③
			減	増	
		①	②	③	④
資本金又は出資金	32	50,000,000 円	円	円	50,000,000 円
資本準備金	33	2,000,000			2,000,000
自己株式	34			△1,500,000	△1,500,000
利益積立金	35			300,000	300,000
差引合計額	36	52,000,000		△1,200,000	50,800,000

【参考】

法２、24①四、令８①二十、９、所法25①五、182二、復興財確法28②

取得した自己株式を消却した場合の取扱い

Q2

A社は、従業員から相対で取得した自己株式（Q1参照）を消却することを取締役会で決議しました。この場合の税務上の処理を教えてください。

A

自己株式が消却によりなくなったため、別表5⑴の「Ⅱ資本金等の額の計算に関する明細書」で自己株式を消去します。

解　説

株式会社は、取得した自己株式を取締役会の決議に基づき消却することができます（会社法178）。自己株式を消却した場合には、消却する自己株式の帳簿価額をその他資本剰余金の額から減額することとされています（会社計算規則24②③）。

会計上の仕訳は、

　その他資本剰余金　　150万円　／　自己株式　　150万円

となります。

税務上は、自己株式の取得時点で、みなし配当の適用を受けた場合は、消却する際に取得資本金額の全額を資本金等の額から減算し、また、みなし配当の適用を受けていない場合には、消却する際に取得対価の額を資本金等の額から減算し、取得した自己株式を直ちに消却したのと同様の処理を行います。

税務上は、資本等取引であるため、仕訳はありませんが、自己株式が消却によってなくなったことから、自己株式の消却時に別表5(1)の「Ⅱ資本金等の額の計算に関する明細書」で自己株式を消去します。

利益積立金額及び資本金等の額の計算に関する明細書　事業年度　・・　・・　法人名　A社　別表五(一)

Ⅰ　利益積立金額の計算に関する明細書

区分		期首現在利益積立金額	当期の増減		差引翌期首現在利益積立金額 ①－②＋③
			減	増	
		①	②	③	④
利益準備金	1	円	円	円	円
	24				
資本金等の額	25	△300,000			△300,000
繰越損益金（損は赤）	26	5,000,000			5,000,000
納税充当金	27				
未納法人税等（退職年金等積立金に対するものを除く。）未納法人税及び未納地方法人税（附帯税を除く。）	28	△	△	中間 △ 確定 △	△
未納道府県民税（均等割額を含む。）	29	△	△	中間 △ 確定 △	△
未納市町村民税（均等割額を含む。）	30	△	△	中間 △ 確定 △	△
差引合計額	31	4,700,000			4,700,000

Ⅱ　資本金等の額の計算に関する明細書

区分		期首現在資本金等の額	当期の増減		差引翌期首現在資本金等の額 ①－②＋③
			減	増	
		①	②	③	④
資本金又は出資金	32	50,000,000円	円	円	50,000,000円
その他資本剰余金	33	2,000,000		△1,500,000	500,000
自己株式	34	△1,500,000	△1,500,000		0
利益積立金	35	300,000			300,000
差引合計額	36	50,800,000	△1,500,000	△1,500,000	50,800,000

御注意　1 こ…　2 発行…表五(一)付表（別表五(一)付表）の記載が必要となりますので御注意ください。

中間分，確定分法人税県市民税の合計額

【参考】

会社法178、会社計算規則24②③

取得した自己株式を他に譲渡した場合の取扱い

Q3

Ａ社は、10株150万円で取得した自己株式（Ｑ１参照）を他に130万円で譲渡することを取締役会で決議しました。

この株式を相対で取得した時に、みなし配当30万円が生じ、利益積立金を30万円減少させ、資本金等の額を120万円減少させる処理をしています。

自己株式を他に譲渡した場合の税務上の処理を教えてください。

A

自己株式を譲渡した場合は、払い込まれた金銭の額又は給付を受けた資産の時価だけ資本金等の額を増額します。

解　説

自己株式を他に譲渡した場合には、会計上は新株の発行と同様に考え、処分差損益は、その他資本剰余金の増減としますので、仕訳は次のとおりです。

現金預金	130万円	/	自己株式	150万円
その他資本剰余金	20万円	/		

税務上は、自己株式を譲渡した場合は、原則として払い込まれた金銭の額又は給付を受けた資産の時価を資本金等の額の増加ととらえます。増資した場合と同じ考え方です。

自己株式を取得した時に、みなし配当とされた30万円は利益積立金額を減算し、取得資本金額である120万円は資本金等の額を減算し、別表5(1)の期首にそのことが繰り越されてきています。

税務上の仕訳は、次のとおりです。

現金預金　　130万円　／　資本金等の額　　130万円

資本等取引に該当しますので、所得金額の変動はありませんが、別表5(1)の調理が必要です。自己株式の譲渡による払込金額（受入金額）130万円のうち増加資本金額0円以外の部分の130万円の資本金等の額が増加します（法2十六、令8①一）。

別表5(1)では、自己株式150万円を消去し、譲渡損相当額の20万円をその他資本剰余金から減算します。

利益積立金額及び資本金等の額の計算に関する明細書　事業年度　・・　・・　法人名　A社　別表五(一)

I　利益積立金額の計算に関する明細書

区分		期首現在利益積立金額 ①	当期の増減 減 ②	当期の増減 増 ③	差引翌期首現在利益積立金額 ①－②＋③ ④
利益準備金	1	円	円	円	円
	24				
資本金等の額	25	△300,000			△300,000
繰越損益金（損は赤）	26	5,000,000			5,000,000
納税充当金	27				
未納法人税等（退職年金等積立金に対するものを除く。） 未納法人税及び未納地方法人税（附帯税を除く。）	28	△	△	中間 △ 確定 △	△
未納道府県民税（均等割額を含む。）	29	△	△	中間 △ 確定 △	△
未納市町村民税（均等割額を含む。）	30	△	△	中間 △ 確定 △	△
差引合計額	31	4,700,000			4,700,000

II　資本金等の額の計算に関する明細書

区分		期首現在資本金等の額 ①	当期の増減 減 ②	当期の増減 増 ③	差引翌期首現在資本金等の額 ①－②＋③ ④
資本金又は出資金	32	50,000,000円	円	円	50,000,000円
その他資本剰余金	33	2,000,000		△200,000	1,800,000
自己株式	34	△1,500,000	△1,500,000		0
利益積立金	35	300,000			300,000
差引合計額	36	50,800,000	△1,500,000	△200,000	52,100,000

御注意
1 この表は、[中間分、確定分法人税県市民税の合計額]
2 発行表五(一)付表（別表五(一)付表）の記載が必要となりますので御注意ください。

【参考】

法2十六、令8①一

自己株式を低額で買い戻す場合の課税関係

Q 4

同族会社であるB社は、発行済みの株式を株主から買い戻すことにしましたが、株主が売り急いでいたために時価と思われる金額よりもかなり低額で買い戻しました。この場合、B社と株主の課税関係はどのようになるのでしょうか。

A

現状では、B社に受贈益の課税はなされず、株主は譲渡損失となり、他の株主に対しては贈与が発生したものと考えられます。

解　説

1　会計上の経理方法

株式を発行した法人が自己株式を取得、償却又は譲渡した場合には、会計上は次のように経理することになっています（企業会計基準委員会平14.2.21「自己株式及び準備金の減少等に関する会計基準」7項、8項)。

イ　自己株式を取得した場合

貸借対照表の純資産の部の株主資本から控除します。

ロ　自己株式を消却した場合

その他資本剰余金の額を減額します。

ハ　自己株式を譲渡した場合

譲渡差益をその他資本剰余金を増額し、譲渡差損はその他資本剰余金を減額します。

2　税務上の処理方法

税務上は自己株式は有価証券には含まれない（法２二十一）ため、株式を発行した法人が自己株式を取得、償却又は譲渡した場合には、いずれの場合も資本等取引に該当すると考え、次のように処理することとされています（法24①、令８①一、二十、二十一）。

イ　自己株式を取得した場合

みなし配当相当額を利益積立金額から減算し、残額は資本金等の額を減額します。

ロ　自己株式を消却した場合

処理しません。

ハ　自己株式を譲渡した場合

資本金等の額を増額します。

なお、自己株式を取得するために証券会社に支払った手数料がある場合には、会計上も税務上も費用又は損金の額に算入します。

３　法人が自己株式を低額で買い戻した場合

自己株式が有価証券でないことから、その取引は資本等取引であると整理されるため、受贈益課税は認識されません。

４　株式を譲渡した株主と他の株主の課税関係

株式発行法人の自己株式を譲渡した株主にとっては、株式発行法人の自己株式であっても有価証券の譲渡に該当するため、みなし配当額が発生すれば配当課税がなされ、残額は有価証券の譲渡損益と認識します。

なお、時価に比して低額で譲渡した場合には、残存する他の株主に経済的利益を供与したと考えられるため、譲渡した株主が法人の場合には寄附金課税が適用され、個人の場合には時価の２分の１未満の金額で取引した場合にはみなし譲渡が適用されます（法37、所法59①、所令169）。

また、他の株主にとっては、所有する株式の価値が増加した場合には、贈与を受けたと認識されます（相基通９－２）。

【参考】

法２二十一、24①、37　令８①一、二十、二十一、所法59①、所令169、相基通９－２

第2章

収益費用の帰属の時期

書式表示により納付する印紙税の損金算入時期

Q5

B社は、領収証の発行に係る印紙税について、所轄の税務署長の承認を得て書式表示による申告及び納付の特例を適用しています。

この特例の内容は、領収証を発行するごとに印紙を領収証に貼付することに代えて、領収証に所定の表示を行い、各月分の領収証発行数量に応じた印紙税額を翌月の末日までに申告・納付する制度です。

この印紙税額の申告と納税は翌月末にしますが、具体的な納付税額は毎月末には確定できるものであり、商品の販売に直接に要する費用と考えられますから、各事業年度の最終月分の印紙税額をその事業年度の費用として未払計上して差し支えないでしょうか。

A

各事業年度の最終月分の書式表示による申告及び納付の特例を受けた印紙税は、その特例による申告書を提出した時の損金とし、申告書提出前において未払計上することは認められないと考えます。

解　説

印紙税法第11条《書式表示による申告及び納付の特例》に定める書式表示による申告及び納付の特例は、その月中に作成した課税文書の種類や数量、税率の区分ごとに合計した課税標準数量及び課税標準数量に対する印紙税の合計額を記載した申告書を翌月末日までに税務署に提出するとともに、その申告書に記載した納付すべき印紙税額を納付することとされているもので、申告納税方式に係る租税であると認められます。

申告納税方式に係る租税公課の損金算入の時期は、その申告書が提出された日の属する事業年度とされています（法基通９－５－１）ので、申告書を提出する前に見越し計上することは認められないと考えます。

【参考】

法基通９－５－１

架空人件費に係る社会保険料を納付している場合の取扱い

Q6

C社は、税務調査を受け、架空の人件費を計上するとともに、これに係る社会保険料を納付している事実が判明しました。この場合、C社が納付した社会保険料のうち、架空の受給者負担に係る納付額（架空人件費計上額に含まれています。）及び事業主負担に係る納付額（架空の法定福利費が計上されています。）のいずれについても、否認されるのでしょうか。

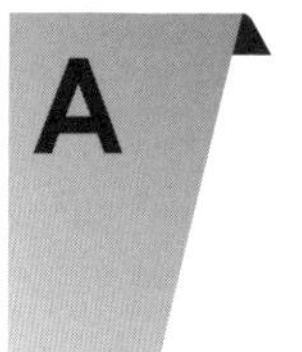

A

いずれも否認されると考えます。

解　説

架空の人件費について源泉所得税を納付している場合には、その架空人件費の金額を所得金額に加算する際、源泉所得税額については、所得加算（未収入金処理）するとともに、税務署長に対して源泉所得税額の誤納還付を申請します。

同じように、人件費の額に含まれる社会保険料の受給者負担分の金額についても、これを架空人件費の金額から控除しないで、その受給者負担分の金額を所得金額に加算（未収入金処理）し、更に法定福利費に計上して納付した事業主負担分の金額も所得金額に加算（未収入金処理）しなければならないと考えます。

【参考】

法22

非常用食料品の取扱い

Ｄ社は、地震などの災害時に備えて、非常用食料品（長期備蓄用）としてフリーズドライ食品を10,000人分（2,400万円）購入し、備蓄しています。

このフリーズドライ食品は、酸素を100%近く除去して缶詰にしたもので、賞味期間（品質保証期間）は25年間とされていますが、80年間程度は保存に耐え得るものといわれています。このように長期間保存できるものであっても、購入時の損金の額に算入して差し支えないでしょうか。

なお、このフリーズドライ食品の缶詰１個当たりの価格は、その中味によって1,000円（150g缶）から6,000円（500ｇ缶）と、まちまちです。

非常用食品を購入して備蓄した時に事業の用に供したものとして、その時の損金の額に算入して差し支えないと考えます。

解　説

食料品は、繰り返し使用するものではなく、消耗品としての特性を有しており、その効果が長期間に及ぶとしても、食料品は、減価償却資産（令13）にも繰延資産（令14）にも該当しないことから、資産計上する必要はないと考えます。

仮に、ご質問の非常用食料品が法人税法施行令第10条第６号《棚卸資産の範囲》に掲げる「消耗品で貯蔵中のもの」に該当するとしても、災害時用の非常食は、備蓄することをもって事業の用に供したとして差し支えないと考えます。

　なお、消火器の中味（粉末又は消火液）は、取替え時の損金とすることが認められています。

【参考】

令10、13、14

収益認識会計基準について

Q8

E社は中小企業ですが、企業会計基準委員会の「収益認識に関する会計基準」とそれに対応した法人税法の規定の適用を受けるのでしょうか。

A

収益認識会計基準は中小企業には強制適用されませんので、法人税法においても、一部を除いて従来どおりで構いません。

解　説

収益認識会計基準は、上場会社や会社法上の大会社等、公認会計士又は監査法人の監査の対象となっている会社に令和３年４月１日以後開始する事業年度から強制適用されますが、平成30年４月１日以後開始する事業年度からの先行適用も認められる制度です。

これを受けて、法人税法第22条の２が新設されるなどの税制改正がなされました。

ただ、収益認識会計基準は中小企業には強制適用されませんので、中小企業は従来どおりの会計処理が認められ、法人税においても、返品調整引当金とリース譲渡を除く長期割賦販売等についての延払基準による収益費用の帰属の特例の制度が廃止されましたが、それ以外は従来どおりで構いません。中小企業が収益認識会計基準を適用した場合には、それに対応した法人税の取扱いが適用されます。

収益認識会計基準は、売上げの計上に関する５段階のステップを示し、収益認識に関する会計基準の適用指針において具体的な会計処理方法等を示しています。

ＳＴＥＰ１…契約の識別

ＳＴＥＰ２…履行義務の識別

ＳＴＥＰ３…取引価格の算定

ＳＴＥＰ４…履行義務への取引価格の配分

ＳＴＥＰ５…履行義務の充足による収益の認識

法人税法では、収益認識会計基準の制定に対応して、主に次のような改正が行われました。

1　法人税法第22条第４項（改正）…第22条第２項に規定する当該事業年度の収益の額及び前項各号に掲げる額は、別段の定めがあるものを除き、一般に公正妥当と認められる会計処理の基準に従って計算されるものとする。

2　法人税法第22条の２（創設）…内国法人の資産の販売若しくは譲渡又は役務の提供（以下この条において「資産の販売等」という。）に係る収益の額は、別段の定めがあるものを除き、その資産の販売等に係る目的物の引渡し又は役務の提供の日の属する事業年度の所得の金額の計算上、益金の額に算入する。

（中略）

内国法人の各事業年度の資産の販売等に係る収益の額として第１項又は第２項の規定により当該事業年度の所得の金額の計算上益金の額に算入する金額は、別段の定めがあるものを除き、その販売若しくは譲渡をした資産の引渡しの時における価額又はその提供をした役務につき通常得べき対価の額に相当する金額とする。

3　返品調整引当金の制度（法旧53①）が廃止されました。

4　リース譲渡を除く長期割賦販売等についての延払基準による収益費

用の帰属の特例（法旧63①）が廃止されました。

5　法人税基本通達が改正されました。

【参考】

法22④、22の２等、法基通２－１－１ ～ ２－１－21の11等

決算翌日から１年分の家賃を決算末日に支払った場合

Q 9

３月31日決算のＡ社では、毎年翌４月１日から翌年３月31日までの１年分の本社の家賃を決算末日である３月31日にまとめて支払います。この場合、短期の前払費用として当事業年度の損金の額に算入することは認められるでしょうか。

A

お尋ねの場合であれば、短期の前払費用として、支払った日の属する事業年度の損金の額に算入することが認められると考えます。

解　説

前払費用（一定の契約に基づき継続的に役務の提供を受けるために支出した費用のうち当該事業年度終了の時においてまだ提供を受けていない役務に対応するものをいう。）の額は、当該事業年度の損金の額に算入されないのであるが、法人が、前払費用の額でその支払った日から１年以内に提供を受ける役務に係るものを支払った場合において、その支払った額に相当する金額を継続してその支払った日の属する事業年度の損金の額に算入しているときは、これを認める（法基通２－２－14）とされています。

１年以内の短期前払費用については、期間対応による繰延経理をせずに、その支払時点で損金算入することが認められています。

そこで、「その支払った日から１年以内に提供を受ける役務」とは、いつからいつまでに提供を受ける役務を言うのかですが、国税庁法人課税課の法人税基本通達逐条解説によれば、「例えば、12月末決算法人が、翌年２月１日からの１年分の家賃を12月中に支払ったような場合には、役務提供の開始が１年以内ではあるものの、役務提供の終わりは１年を超えることになるから、このような前払費用については本通達の適用がないことになる。」と解説しています。

この解説が、翌年１月１日からではなく翌年２月１日からとしているのは、役務提供の終わりが１年を超えることが明らかな例で説明するためであろうと考えられます。

本来、役務提供期間の全体が翌期以降となる場合は、前渡金であって前払費用ではないので、この通達の適用はなく、役務提供の開始が支払日の属する事業年度内でなければならないとの議論がありました。しかし、最近は、支払日の属する事業年内に役務の提供が開始していなくても、１年以内に役務の提供の終期が訪れるのであれば、通達の適用が認められているようです。

加えて、家賃の場合は、翌月の家賃を前月の月末までに支払うことが慣例となっていることから、ご質問のような支払方法は不自然ではないと考えられます。

以上のことから、お尋ねの前払家賃は、支払った日の属する事業年度の損金の額に算入することが認められると考えます。

【参考】

法基通２－２－14

コロナ融資を受ける際に交付される利子補給金の計上時期

Q10

B社は、新型コロナウイルス感染症に係る特別貸付けを受けるに際し、中小企業基盤整備機構が実施する「新型コロナウイルス感染症特別貸付けに係る特別利子補給制度」による特別利子補給助成金の交付を受けることになりました。中小企業基盤整備機構からは、３年分の利子補給金を支払う旨の交付決定通知書が届きました。

この場合、交付決定通知を受けた３年分の利子補給金を一括して収益に計上しなければならないのでしょうか。

なお、「特別利子補給助成金交付決定通知書」には、「本交付決定に基づき支給する特別利子補給助成金額が、特別利子補給助成期間終了に伴う報告時の金額を上回る場合は、当該過払い分を別途返納いただいた上で、額の確定を行うものとします。」と書かれています。

特別利子補給助成金が振り込まれた日の属する事業年度の収益として計上することが原則ですが、振り込まれた金額を仮受金等として経理し、利子を支払う都度見合いの金額を取り崩して収益に計上する方法も認められるものと考えます。

解　説

１　原則的処理方法

法人税基本通達２－１－40《将来の逸失利益等の補てんに充てるための

補償金等の帰属の時期》には、法人が他の者から経費補償金等の名目で支払を受けた金額については、その金額の支払がたとえ将来の経費の発生等その事業年度後の各事業年度において生ずることが見込まれる費用又は損失の補てんに充てることを目的とするものであるとしても、その支払を受けた日の属する事業年度の益金の額に算入するのであるから留意すると規定されています。

したがって、特別利子補給助成金が３年分一括で振り込まれた場合であっても、振り込まれた日の属する事業年度の収益として計上するのが原則です。

２　特例的処理方法

特別利子補給助成金制度は、支払利子を３年間実質的に無利子とするための制度です。また、ご質問にある「特別利子補給助成金交付決定通知書」に書かれた断り書きのとおり、利子補給金が交付された時点では助成額が確定しているとはいえず、３年後に３年間で支払った利子の額の合計額と交付を受けた助成金の額とを比較して、差額の精算手続きが行われて初めて確定する制度です。

したがって、振り込まれた特別利子補給助成金の額を仮受金等として経理し、利子を支払う都度見合いの金額の仮受金の額を取り崩して収益に計上し、精算時に調整する方法も認められるものと考えます。

【参考】

法基通２－１－40

第3章

固定資産・繰延資産の償却

第1節 減価償却資産の範囲

取得価額が100万円未満の絵画の減価償却

Q 11

Ａ社は、美術商から絵画を80万円で購入しました。この絵画は、本社受付の壁に掲示していますが、減価償却して差し支えないでしょうか。また、耐用年数は何年を適用すべきでしょうか。

A

「器具及び備品」の「室内装飾品」の「その他のもの」の８年を適用し、減価償却することができるものと考えます。

解　説

絵画の場合、取得価額が号２万円以上である場合には、書画骨とうに該当し、減価償却資産に該当しないものとして取り扱ってきました（改正前の法基通７－１－１）。

しかし、平成27年１月１日以後取得する美術品から、取得価額が100万円以上であるもの（時の経過によりその価値が減少することが明らかなものを除きます。）は減価償却資産に該当せず、取得価額が100万円未満のもの（時の経過によりその価値が減少しないことが明らかなものを除きます。）が減価償却資産に該当することとされました（改正後の法基通７－１－１注２）。

この場合、時の経過によりその価値が減少することが明らかなものと

は、例えば、

イ　会館のロビーや葬祭場のホールのような不特定多数の者が利用する場所の装飾用や展示用（有料で公開するものを除きます。）として法人が取得するもののうち、

ロ　移設することが困難でその用途にのみ使用されることが明らかなものであり、

ハ　他の用途に転用すると仮定した場合に、その設置状況や使用状況から見て美術品等としての市場価値が見込まれないもの

が含まれるとされています（改正後の法基通７－１－１注１）。

ご質問の場合は、取得価額が100万円未満であり、本社受付の壁に掲示しており、時の経過によりその価値が減少しないことが明らかなものに該当しないと認められますので、減価償却資産として差し支えないと考えます。

耐用年数は、「器具及び備品」の「室内装飾品」の「その他のもの」の８年を適用します。

【参考】

法２二十三、令13、法基通７－１－１

第2節　耐用年数

パレットコンベアのパレットの耐用年数

Q 12

Ｂ社は、家庭用ルームエアコンの製造業者です。

これらの製品の生産は、①組立工程、②調整工程、③完成工程の各生産ラインにより行われており、各ラインはパレットコンベアを用いています。

このコンベアにはめ込まれている「パレット」について、Ａ社は、パレットは単なる搬送用の容器であると判断し、工具として耐用年数を３年（「前掲のもの以外のもの」の「その他のもの」）として減価償却費の計算をしています。

しかしながら、Ｂ社のパレットは、製品製造設備に含め機械装置として減価償却すべきではないでしょうか。

A

機械装置として減価償却すべきであると考えます。

Ｂ社が製造する家庭用ルームエアコンは民生用電気機器に該当しますので、パレットは耐用年数省令別表二「21　電気機械器具製造業用設備」として７年の耐用年数を適用します。

解　説

お尋ねのコンベア等の搬送設備が、製造工場の製品製造過程において使用される場合は、製品の製造設備の耐用年数を適用します。

お尋ねのパレットは仕掛品を登載して生産ライン上を移動させるもので、それ自体は生産能力を有するものではありません。しかしながら、このパレットはベルトコンベアにおけるベルト、ローラー・コンベアにおけるローラーに相当するものです。つまりパレットがコンベアのチェーンにはめ込まれて初めてこのコンベアの目的とする機能を果たしうるものであると認められます。

そうすると、お尋ねのパレットは『パレットコンベア』の一部をなすもの（機械の部品の一部）であることから、機械装置に含まれると解するのが相当であると考えます。

Ｂ社が製造する製品は家庭用ルームエアコンであり、これらの製造設備は民生用電気機器製造設備に該当し、耐用年数省令別表二≪機械及び装置の耐用年数表≫の「21　電気機械器具製造業用設備」を適用すべきであると考えられますので、パレットについても同製造設備の耐用年数７年を適用します。

【参考】

耐通１－４－２、１－４－３、耐用年数省令別表第二

不整地走行車両の耐用年数

Q 13

C社は、地震や水害などの災害復旧用に不整地走行車両を輸入販売することになりましたが、この不整地走行車両の耐用年数は何年とするのが相当でしょうか。

（特徴）

・８輪の全輪駆動

・排気量は1,000cc

・あらゆる地形で走行可能

・水面走行可能（静水面を車輪で進む。）

・人及び荷物を輸送するための車両である。

A

「車両及び運搬具」の「前掲のもの以外のもの」の「自動車」に該当し、総排気量が0.66リットルを超えるので６年（「その他のもの」の「その他のもの」）とされます。

解　説

法人税法において、自動車そのものについての定義は必ずしも明らかではありませんが、業用の自動車等については耐用年数通達２-５-６《運送業用の車両及び運搬具》～２-５-９《乗合自動車》及び２-５-11《電気自動車に適用する耐用年数》において道路運送法、貨物自動車運送事業法、道路交通法及び道路運送車両法の規定を引用していることから、照会の車両についてもこれらの法律で定義する自動車の概念に基づいて判断するのが相当であると考えます。

道路運送車両法第２条《定義》では、自動車を「原動機により陸上を移動させることを目的として製作した用具で軌条若しくは架線を用いないもの…であって、…原動機付自転車以外のものをいう。」と定義していますが、ご質問の車両は、主として陸上を人や物を乗せてエンジンで走行するものですから自動車として取り扱うのが相当であると考えます。

ご質問の車両を自動車として取り扱った場合、耐用年数省令別表第一の車両及び運搬具の種類に特殊自動車（これは、道路運送車両法施行規則でいう大・小型特殊自動車、自動車登録規則でいう特殊用途自動車に対応するものと考えられます。）の項目（構造又は用途）があり、不整地走行車両がこれに該当するかどうかの問題があります。しかし、不整地走行車両は何ら特殊な車体を架装したものではないので「特殊車体を架装したもの」にも該当しないと認められるため、特殊自動車に該当しないとするのが相当であると考えます。

また、人を運ぶ車両ですから、貨物自動車以外のナンバープレート（自動車登録番号）となると思われます。

したがって、不整地走行車両は通常の自動車に該当し、排気量が660ccを超えますので６年（その他のもののその他のもの）とするのが相当であると考えます。

【参考】

耐用年数省令別表第一

建物の一部分を取得した場合の耐用年数

Q 14

D社は、地下１階地上８階建ての鉄筋コンクリート造りのオフィスビルの地下１階の一部を取得して、小売店を開業しました。この区分所有した部分に適用すべき耐用年数は何年でしょうか。

A

「建物」の「鉄筋コンクリート造」の「店舗用のもの」の39年を適用します。

解　説

建物を区分所有する場合における耐用年数の判定は、資産の構造は建物全体で同一ですが、細目は区分所有部分ごとの用途により行います（耐通１－１－１）。

ご質問の場合は、「建物」の「鉄筋コンクリート造」の「店舗用のもの」の39年を適用することになります。

なお、償却の対象とする価額は、その建物の取得価額に土地又は借地権相当額が含まれている場合には、法人税基本通達７－３－８《借地権の取得価額》の本文ただし書の取扱いを適用する場合を除き、その土地又は借地権相当額を差し引いた価額となります。

【参考】

耐用年数省令別表第一、法基通７－３－８、耐通１－１－１

高層ビルを区分所有した場合の耐用年数

Q 15

35階建ての高層ビル（１階から８階までが鉄骨鉄筋コンクリート造で、９階以上が金属造のもの）の１階から15階までをＥ社が取得し、16階以上を他の法人が取得することになりました。この場合におけるＥ社が所有する８階までの部分の耐用年数は、鉄骨鉄筋コンクリート造として差し支えないでしょうか。

金属造の建物の耐用年数を適用します。

解　説

一般に、高層ビルのように下部の一部が鉄骨鉄筋コンクリート造、上層階の部分が金属造であって、全体として金属造に該当すると認められる場合において、その一部の所有権を取得したときは、所有する部分が鉄骨鉄筋コンクリート造の部分であっても、耐用年数を適用する場合の構造の判定に当たっては、耐用年数の適用等に関する取扱通達１－２－２《２以上の構造からなる建物》の適用がある場合を除き、その建物全体の構造により判定することが相当と考えられます（耐通１－２－１）。

照会の建物のように１階から８階までが鉄骨鉄筋コンクリート造、９階から35階までが金属造の高層ビルについては、金属造部分が大部分を占めることから、建物全体が金属造と認められます。

【参考】

耐用年数省令別表第一、耐通１－２－１、１－２－２

風力発電システムと太陽光発電システムの耐用年数

Q 16

Ｆ社は、自動車製造業を営んでいますが、自社工場の構内に自動車製造設備を稼動するための電力を発電する設備として風力発電システムと太陽光発電システムを設置しました。これらの発電システムの耐用年数は何年を適用すれば良いでしょうか。

（設備の概要）

風力発電システム…風力で風車を回し、これを発電機に繋げることにより発電するシステム。

太陽光発電システム…太陽電池により発生した電力をパワーコンディショナーによって増幅して配電するシステム。

A

風力発電システム及び太陽光発電システムに適用すべき耐用年数は、いずれも耐用年数省令別表第二の「23　輸送用機械器具製造業用設備」の９年とされます。

解　説

風力発電システムと太陽光発電システムは、自家発電設備の一つであり、その規模等からみて「機械及び装置」に該当します。

製造業を営むために保有する発電設備のように、その設備から生ずる最終製品（電気）を専ら用いて他の最終製品（自動車）が生産される場合には、その設備の最終製品（電気）に係る設備ではなく、他の最終製品（自動車）に係る設備として、その設備の種類を判定することとなります（耐通１－４－２）。

したがって、Ｆ社が導入した風力発電システムと太陽光発電システムは、専ら自動車製造設備の電力源として利用されますので、他の最終製品である自動車の製造に係る設備に該当します。

具体的には、耐用年数省令別表第二の「23　輸送用機械器具製造業用設備」の９年とされます。

なお、風力発電システムや太陽光発電システムが売電目的で設置された場合には、耐用年数省令別表第二の「31　電気業用設備」の「その他の設備」の「主として金属製のもの」の17年を適用します。

【参考】

耐用年数省令別表第二、耐通１－４－２、１－４－３、１－４－５

ドローンの耐用年数

Q 17

土木建築業を営むG社は、山林の航空写真を撮影するために写真撮影機能を搭載したドローンを購入しました。ドローンには、人は乗ることはできず、ラジコン送信機を操作して飛行させるものです。

G社では、ドローンで撮影した画像を活用してプログラムを組み、山岳地帯の危険な区域で無人の重機を稼働させることに活用します。

ドローンの耐用年数は、何年を適用すべきでしょうか。

A

耐用年数省令別表第一の「器具及び備品」の「4　光学機器及び写真製作機器」の「カメラ」の５年を適用するのが適当であると考えます。

解　説

無人航空機とは、航空の用に供することができる飛行機、回転翼航空機、滑空機、飛行船その他政令で定める機器であって構造上人が乗ることができないもののうち、遠隔操作又は自動操縦（プログラムにより自動的に操縦を行うことをいう。）により飛行させることができるもので重量200グラム以上のものをいいます（航空法２㉒）。

航空法上、「無人航空機」に該当するような無人ヘリコプターであるドローンに適用すべき耐用年数は、種類、規模、構造、用途等を総合勘案して判定します。

写真撮影用のドローンは、人が乗ることができませんので、航空法上は「無人航空機」に該当し、いわゆる航空機には該当しません。一方、飛行することが目的ではなく、上空から写真を撮影することが目的の資産ですから、飛行機能付きの写真撮影器であると考えられています。

したがって、照会のドローンは、耐用年数省令別表第一の「器具及び備品」の「4　光学機器及び写真製作機器」の「カメラ」の５年を適用するのが適当であると考えます。

【参考】

耐用年数省令別表第一

農薬散布用の無人ヘリコプターの耐用年数

Q 18

農業を営むＨ社は、農薬散布用の無人ヘリコプターを購入しました。

ヘリコプターは、ガソリンエンジンで飛行し、燃料や薬剤を搭載した時の重量は80kgになります。

この無人ヘリコプターの耐用年数は、何年を適用すべきでしょうか。

A

耐用年数省令別表第二の「25　農業用設備」の７年を適用するのが適当であると考えます。

解　説

航空法上「航空機」とは、人が乗って航空の用に供することができる飛行機、回転翼航空機、滑空機、飛行船その他政令で定める機器をいいます（航空法２①）。

一方、「無人航空機」とは、航空の用に供することができる飛行機等であって、構造上人が乗ることができないもののうち、遠隔操作又は自動操縦により飛行させることができる重量200グラム以上のものをいいます（航空法２㉒）。

したがって、航空法上「無人航空機」に該当する無人ヘリコプターの耐用年数は、資産の種類、規模、構造、用途等を総合的に勘案して個別に判定しなければなりません。

ご質問の農薬散布に使用する無人ヘリコプターは、耐用年数省令別表第二の「25　農業用設備」の７年を適用することが適当であると考えます。

なお、農業用以外に使用される無人ヘリコプターは、一般の事業の用に供される減価償却資産ですから、耐用年数省令別表第一の耐用年数を適用します。

例えば、測量に使う無人ヘリコプターで、全体重量（機体重量+測量装置の重量＋燃料の重量）が30キログラム程度の機体であれば、「器具及び備品」の「11　前掲のもの以外のもの」の「その他のもの」の「主として金属製のもの」の10年を適用します。

【参考】

耐用年数省令別表第一、第二、耐通１－４－２

白ナンバーのトラックと緑ナンバーのトラックの耐用年数

Q 19

Ｉ社は、国土交通大臣の免許を受けて貨物運送事業を営んでいます。Ｉ社には、顧客の依頼により運賃を取って荷物を運搬する営業用トラックとして緑ナンバーを取得した車両が50台と、自社の荷物の運搬のために自家用として登録した白ナンバーのトラックが５台あります。

Ｉ社は運送業者ですから、どちらのトラックにも「運送事業用のもの」の耐用年数を適用して差し支えないでしょうか。

A

緑ナンバーのトラックには「運送事業用のもの」の耐用年数を適用し、白ナンバーのトラックには「前掲のもの以外のもの」の耐用年数を適用します。

解　説

耐用年数省令別表第一の「車両及び運搬具」の「運送事業用の車両及び運搬具」とは、道路運送法第４条《一般旅客自動車運送事業の許可》の規定により、国土交通大臣の許可を受けた者及び貨物自動車運送事業法第３条《一般貨物自動車運送事業の許可》の規定により国土交通大臣の許可を受けた者が自動車運送事業の用に供するものとして登録された車両及び運搬具をいいます（耐通２−５−６）。

したがって、たとえＩ社が運送業者であって、運送業者の仕事で利用するトラックであっても、白ナンバーのトラックは運送事業用の車両には該当せず、運送事業者以外の者が所有する車両と同じ扱いとなり、耐用年数省令別表第一の「車両及び運搬具」の「前掲のもの以外のもの」の「自動車（二輪又は三輪自動車を除く。）」の「その他のもの」の「貨物自動車」の「その他のもの」の５年の耐用年数を適用します（ダンプ式の場合は４年です。）。

【参考】

耐用年数省令別表第一、耐通２－５－６

ゴルフシミュレーターの耐用年数

Ｊ社は、インドアゴルフレッスン事業を始めることになりました。

本社ビルの１フロアにゴルフシミュレーターを数台設置しますが、その設備の耐用年数は何年を適用すべきでしょうか。ゴルフシミュレーターは、次のような仕様になっています。

イ　本物のゴルフボールを使って、約８メートル先のスクリーンに向かってボールを打つ。

ロ　スクリーンには、プロジェクターでゴルフコースや練習場の映像が投影される。

ハ　生徒が打ったボールは、センサーとコンピューターで計測した軌道をスクリーンのゴルフコース上や練習場に投影される。

ニ　生徒が打ったボールの方向や角度、回転数などがスクリーンの下方に表示される。

ホ　ゴルフコースをラウンドするモードの時には、打球の止まった場所に画面が移り、生徒はそこからプレーを継続する。

「器具及び備品」の「９　娯楽又はスポーツ器具及び興行又は演劇用具」の「スポーツ具」の３年を適用します。

解　説

ご質問のゴルフシミュレーターは、ゴルフの練習に使用する簡易なネット設備の一方の面にスクリーンを設置し、そこにコンピューターで計算した打球の軌道やゴルフコース又は練習場の映像を投影することにより、プレーヤーが実際にそのゴルフコースやホールをラウンドしたり練習しているように体感させるものです。

ゴルフシミュレーターの耐用年数は、耐用年数省令別表第一の「器具及び備品」の「9　娯楽又はスポーツ器具及び興行又は演劇用具」の「スポーツ具」の３年を適用するのが相当であると考えます。

【参考】

耐用年数省令別表第一

定期借地権を設定して建築した建物の耐用年数の短縮申請

Q 21

紳士服の小売業を営むＣ社は、個人である地主と定期借地権を設定して土地を賃借し､その土地に店舗を建築しました。定期借地契約の期間は15年で、契約満了時にはその土地を更地に戻して返還する契約になっています。

Ｃ社の店舗用建物の法定耐用年数は27年ですが、15年後には取り壊すことが確実なので、耐用年数の短縮申請をすることができるでしょうか。

A

耐用年数の短縮申請が認められる要件に合致しないので、申請は認められないと考えます。

解　説

法人が有する減価償却資産が次に掲げる事由に該当する場合で、その使用可能期間がその資産の法定耐用年数に比しておおむね10％以上短い年数となった場合で、所轄税務署長を経由して国税局長の承認通知を受けた場合には、未経過使用可能期間をその資産の法定耐用年数とみなすこととされる耐用年数の短縮申請制度があります（令57、規16、法基通７－３－18）。

イ　その資産の材質又は製作方法がこれと種類及び構造を同じくする他の減価償却資産の通常の材質又は製作方法と著しく異なることにより、その使用可能期間が法定耐用年数に比して著しく短いこと。

ロ　その資産の存する地盤が隆起し、又は沈下したことにより、その使用可能期間が法定耐用年数に比して著しく短いこととなったこと。

ハ　その資産が陳腐化したことにより、その使用可能期間が法定耐用年数に比して著しく短いこととなったこと。

ニ　その資産がその使用される場所の状況に起因して著しく腐食したことにより、その使用可能期間が法定耐用年数に比して著しく短いこととなったこと。

ホ　その資産が通常の修理又は手入れをしなかったことに起因して著しく損耗したことにより、その使用可能期間が法定耐用年数に比して著しく短いこととなったこと。

へ　その資産を平成20年改正前の旧耐用年数省令を用いて償却限度額を計算することとした場合に、旧耐用年数省令に定める一の耐用年数を用いて償却限度額を計算すべきこととなる減価償却資産の構成がその耐用年数を用いて償却限度額を計算すべきこととなる同一種類の減価償却資産の通常の構成と著しく異なることにより、その資産の使用可能期間が法定耐用年数に比して著しく短いこと又は短いこととなったこと。

ト　その資産が機械装置である場合において、その資産の属する設備が旧耐用年数省令別表第二《機械及び装置の耐用年数表》に特掲された設備以外のものであることにより、その資産の使用可能期間が法定耐用年数に比して著しく短いこと又は短いこととなったこと。

チ　イからホまで及びへ又はトに掲げる事由に準ずる事由に該当することで、その資産の使用可能期間が法定耐用年数に比して著しく短いこと又は短いこととなったこと。

耐用年数の短縮の承認を受けようとする法人は、納税地の所轄税務署長を経由して「耐用年数の短縮の承認申請書」を所轄国税局長に提出します。承認通知書が届いた場合には、その承認があった日の属する事業年度から承認された耐用年数で減価償却することになります。

耐用年数の短縮申請が認められるのは、その資産自体の材質や製作方法等が他と異なることや、その資産自体に物理的な力などが加わったために本来の使用可能期間が著しく（おおむね10％以上）短くなった場合に限って認められる制度です。

お尋ねの定期借地権の設定により契約満了時に建物を取り壊すこととなる場合は、短縮事由に該当しませんので、耐用年数の短縮の承認を受けることはできないと考えます。

【参考】

令57、規16、法基通７－３－18

第3節　増加償却

増加償却の適用

増加償却の適用に当たり、増加償却割合を計算したところ、法人税法施行規則第20条《増加償却割合の計算》第１項に定めるところにより計算した割合が0.097となりました。この場合、「当該割合に小数点以下２位未満の端数があるときは、これを切り上げる。」（同条第１項かっこ書）と規定されていることから、計算結果が切り上げられて、その割合が0.1とされます。

法人税法施行令第60条《通常の使用時間を超えて使用される機械及び装置の償却限度額の特例》のただし書きで、「当該増加償却割合が100分の10に満たない場合は、この限りではない（適用されない。）。」と規定されていますが、増加償却割合が切上げで100分の10となった場合には、増加償却を適用することができるでしょうか。

増加償却が適用されると考えます。

解　説

法人税法施行令第60条では、法人税法施行規則第20条で計算された割合をもって増加償却割合とすると規定しています。

法人税法施行規則第20条では、計算した割合に小数点以下２位未満の端数がある場合、これを切り上げることとし、切り上げられた割合が増加償却割合となります。

以上のことから、増加償却は適用できると考えます。

【参考】

令60、規20

第4節　減価償却の方法

通信衛星の償却費の取扱い

Q 23

独立行政法人宇宙航空研究開発機構が通信衛星を打ち上げるに当たり、機構が30%、民間（Ａ社ほか数社）が70%の資金負担することを予定しています。各負担者は、その負担割合でこの衛星を共有します。

ところで、この通信衛星は、その寿命が尽きると、自動的に宇宙のゴミとなり、回収することができないので、この衛星の設計上の寿命期間（設計上７年とされています。）を耐用年数として、定額法で償却することを考えていますが、認められるでしょうか。

A

ご質問のように設計上の寿命が法定耐用年数（９年）より短い場合には、法人税法施行令第57条の耐用年数の短縮の承認を受ける必要があります。

解　説

通信衛星は､地上通信設備との交信を行うための無線設備（無線電信、無線電話その他電波を送り又は受けるための電気的設備）及びこの附属設備のみを搭載した人工衛星（通信・放送衛星機構法２一、三、電波法２四）ですから、その構造、機能上「機械及び装置」の通信用設備に該当すると考えられます。

耐用年数は、耐用年数省令別表第二「35　通信業用設備」の９年を適用するのが相当であると考えます。したがって、定額法により減価償却することができます。

ただ、この通信衛星の寿命は７年と見込まれていますので、設計上の寿命が法定耐用年数（９年）よりおおむね10％以上短い場合には、法人税法施行令第57条第１項第１号《耐用年数の短縮》に該当すると考えられますので、所轄国税局長の承認（耐用年数の短縮承認）を受けることを条件に、耐用年数を設計上の寿命期間とすることが認められるものと考えます。

【参考】

令57、法基通７－３－18、耐用年数省令別表第二

賃借した他人の建物に施した内部造作の減価償却の方法

Q 24

平成19年４月１日以後に取得等をした建物の減価償却の方法については、定額法によりその計算を行うこととされています。

Ｂ社は、令和２年５月に賃借した建物の内装を小売店舗にふさわしくなるよう業者に工事してもらいましたが、他人の建物について内部造作を行った場合でも、造作費用は定額法により減価償却しなければならないのでしょうか。

A

他人の建物について行った内部造作については、その内部造作が建物附属設備に該当する場合を除き、建物として減価償却することとされています。したがって、平成19年４月１日以後に行った造作は、定額法により減価償却費の計算を行うこととなります。

なお、この場合の耐用年数については、耐用年数の適用等に関する取扱通達１－１－３《他人の建物に対する造作の耐用年数》により、その建物の耐用年数若しくは合理的に見積もった年数によることとなります。

解　説

法人税法上、減価償却資産は限定列挙されており（令13）、他人の建物について行った内部造作についても、そのいずれかに分類されることとなります。この場合、それが法人税法施行令第13条《減価償却資産の範囲》に掲げる減価償却資産のいずれに該当するかについては、明確な規定はありませんが、自己の建物について行った内部造作については、その建物の耐用年数を適用するという取扱い（耐通１－２－３）の考え方からすれば、他人の建物について行った内部造作についても、同通達の規定上、建物附属設備に該当するものを除き、建物に含まれると解するのが相当と考えられます。

したがって、他人の建物について行った内部造作のうち、建物附属設備に該当しないものについては、減価償却の償却方法について定めた法人税法施行令第48条又は第48条の２《減価償却資産の償却の方法》の適用上、同令第48条第１項第１号ロ又は第48条の２第１項第１号ロの規定が適用されることとなりますので、その内部造作が平成19年４月１日以後になされたものである場合には、定額法により減価償却費を計算することとなると考えます。

【参考】

令13、48、48の２、耐通１－１－３、１－２－３

第5節　償却費として損金算入した金額

ソフトウエア開発費用の償却費として損金経理した金額

Q 25

法人税法上、減価償却資産に係る償却費の損金算入については、法人が確定した決算において償却費として損金経理することが要件とされています（法31①）。

C社では、自社で開発して自社で利用するソフトウエアを開発しています。

法人税法では、このような開発費用については無形固定資産として資産計上し、それが開発研究用のものである場合には3年間で、それ以外のものである場合には5年間で償却することとされています（耐用年数省令別表第三、六）が、C社が資産計上すべき自社開発・自社利用のソフトウエアの開発費用を開発費や人件費等として経理していた場合には、それらの金額を「償却費として損金経理をした金額」として差し支えないでしょうか。

償却費として損金経理をした金額として差し支えないと考えます。

解　説

自社利用のソフトウエアの資産計上は、会計上は、そのソフトウエアの利用により将来の収益獲得又は費用削減が確実と認められるものに限り無形固定資産に計上し、それ以外のものについては、費用処理することとされています（研究開発費等に係る会計基準四３、研究開発費及びソフトウエアの会計処理に関する実務指針「11」）。一方、税務上は、ソフトウエアの利用により将来の収益獲得又は費用削減にならないことが明らかなものに限りソフトウエアの取得価額に算入しないことができるとしています（法基通７－３－15の３）。

このように企業会計上の判断と税務上の判断とが必ずしも一致しない部分が生じ得ます。

そこで、税務上は、取得価額に含めるべき費用を企業会計上は費用処理することが要請されていることがあることを考慮して、ソフトウエアの取得価額に算入すべき金額を会計上費用処理した場合には、その金額を償却費として損金経理をしたものとして取り扱う旨が法人税基本通達７－５－１(7)《償却費として損金経理をした金額の意義》で明らかにされています。

この通達の文言では、「研究開発費」で費用処理されている場合に限定しているように見えますが、ご質問のように人件費等として費用処理されている場合も含まれると考えます。

【参考】

法基通７－３－15の３、７－５－１

第6節　減価償却資産の取得価額

工場の増築に伴う埋蔵文化財の発掘調査費用等の取扱い

Q 26

D社は、工場用建物の増築を計画しています。

工場の敷地が、文化財保護法による埋蔵文化財調査の対象地域になっているため、増築工事に先立ち発掘調査を行う必要がありますが、その際、工場用建物の増築に備え、土地の基礎を固める工事も併せて行う予定です。

発掘調査費用については、支出時の損金とし、工場用建物の増築に備え、土地の基礎を固める工事に要する費用については、工場用建物の取得価額に算入します。また、両方にまたがる共通費用については、発掘調査費用と基礎固めに要する費用の金額割合で按分計算を行い、それぞれ損金処理又は資産計上する予定ですが、この処理で差し支えないでしょうか。

ご質問のとおり処理して差し支えないと考えます。

解　説

埋蔵文化財の発掘調査費用は、法人税基本通達7－3－11の4《埋蔵文化財の発掘費用》により、その支出をした日の属する事業年度の損金の額に算入して問題ないと考えます。

ただし、文化財が埋蔵されている土地をその事情を考慮して通常の価額より低い価額で取得したと認められる場合における発掘調査等のために要した費用の額は、土地の取得価額に算入する必要があります。

また、工場用建物の増築に備え土地の基礎を固める工事のために支出する金額については、法人税基本通達７－３－４《土地についてした防壁、石垣積み等の費用》の注書きにより、工場用建物の取得価額に算入するのが妥当と考えます。

共通費用については、発掘調査費用と工場用建物の増築に要する費用の割合で区分することが合理的であると考えますが、それが困難な場合には、発掘調査費用と基礎固めの工事に要する費用の金額割合で按分計算しても差し支えないと考えます。

【参考】

法基通７－３－11の４、７－３－４

圧縮記帳と特別償却・税額控除の関係

Q 27

A社は、10年を超えて保有していた土地の一部を譲渡し、その資金で新たに残りの土地に新工場を建築する計画です。

土地を譲渡して得た資金を減少させたくないので、新工場用の建物には特定の資産の買換えの場合の課税の特例（圧縮記帳）制度を活用した上で、特定地域における工業用機械等の特別償却も適用したいと考えていますが、このような重複適用は認められるでしょうか。

特定の資産の買換えの場合の課税の特例(圧縮記帳)制度の適用を受けた買換資産に租税特別措置法に規定する特別償却を適用することはできません。

解　説

国内にある土地等、建物又は構築物で、当該法人により取得された日から引き続き所有されていたこれらの資産のうち譲渡した日の属する年の1月1日までの所有期間が10年を超えるものを譲渡し、国内にある土地等（事務所や工場、店舗等の特定施設の敷地の用に供されるもの又は駐車場の用に供されるもので、300㎡以上のもの)、建物又は構築物を取得し圧縮記帳した場合には、圧縮限度額に相当する金額は、損金の額に算入されます（措法65の7①七)。

一方、青色申告書を提出する法人が過疎地域自立促進特別措置法に規定する過疎地域などで製造業用に用いる工場用の建物等(工業用機械等)

の取得等をして事業の用に供した場合には、特別償却をすることが認められます（措法45①）。

ところが、特定の資産の買換えの場合の課税の特例（圧縮記帳）制度の適用を受けた買換資産については、租税特別措置法による特別償却は適用しないと規定されています（措法65の７⑦）。

さらに、特定の資産の買換えの場合の課税の特例（圧縮記帳）制度の適用を受けた買換資産については、その取得価額の一部が資産の譲渡対価以外の資金から成るときであっても、その買換資産については、特別償却の規定、それに係る特別償却準備金の規定及び特別税額控除の規定を適用することはできないことに留意する（措通65の７(3)-11）とされており、仮に、買換資産の取得価額が譲渡資産の譲渡対価の額を超えている場合であっても、買換資産について圧縮記帳した場合には、買換資産の全部について特別償却や税額控除は適用できないことになっています。

したがって、特定の資産の買換えの場合の課税の特例（圧縮記帳）制度の適用を受けた買換資産に租税特別措置法に規定する特別償却を適用することはできません。

なお、国庫補助金等による圧縮記帳、工事負担金による圧縮記帳、保険金等による圧縮記帳や交換資産の圧縮記帳といった法人税法に規定された圧縮記帳の制度には、このような重複適用を排除する規定がありませんから、圧縮記帳した上で重ねて特別償却や税額控除の適用対象とすることが認められます。

【参考】

措法45、65の７、措通65の７(3)-11

第7節　資本的支出と修繕費

建物の外装タイルの全面張替え費用の取扱い

Q 28

E社では、昭和45年に建築した本社ビル（取得価額３億円）の外装タイルの大部分の箇所に剥がれや浮きや割れが生じ極めて危険な状態になってきたので、このほど、全面的に外装タイルを撤去し、下地モルタル面をカット、そこに、タイル下圧着用モルタルを塗り、新しいタイルを張りました。

この張替えに要した費用（概ね6,000万円）は、修繕費として処理して差し支えないでしょうか。

（参考事項）
ビルの構造：鉄骨鉄筋コンクリート造り
補修前は、事故防止のため、応急的に外壁全面にネット張りをしていました。
タイルの材質：同材質によるタイルの張替え

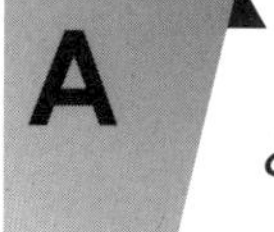

ご質問のような事実関係であれば、その補修費用は修繕費として処理して差し支えないと考えます。

解　説

ご質問の場合には、ビルの外装タイルの全体が補修され、装いを新たにした訳ですから、外装タイルの補修前と較べると、ビルの価値が増加すると考え、その補修費用を資本的支出とすべきであるとも考えられます。

しかし、今回の補修は、下地モルタル部分は現状のままにしてタイル部分のみを同材質により張り替えたもので、いわば、塗装効果の性質を有するものであり、しかも、外装タイルの相当部分に剥がれや浮きや割れが生じ、路上が極めて危険な状態になってきたことに基因して、やむを得ず行う消極的な支出であることからすれば、単に原状に復する費用として修繕費とすることが相当であると考えられます。

【参考】

令132、法基通７－８－１、７－８－２

ワンルームマンションのカーテンの取替費用

Q 29

F社は、賃貸用のワンルームマンションを1棟所有していますが、その全室である200室のカーテンを一斉に取り替えました。この取替費用800万円は、消耗品費として損金の額に算入して差し支えありませんか。

A

1組として使用されるカーテン（ご質問の場合は1部屋（室）ごと）の取得価額が10万円未満となりますので、消耗品費として損金の額に算入して差し支えないと考えます。

解　説

カーテンは1枚では独立した機能を有しませんので、1組として使用される単位（ご質問の場合は部屋）ごとに取得価額を判定することが相当と考えられます（法基通7－1－11）。

少額の減価償却資産の取得価額の損金算入の制度（令133）では、「償却費として」損金経理しなければならないという要件はなく、単に「損金経理」すれば良いとされていますので、消耗品費として損金経理しても認められるものと考えます。

【参考】

令133、法基通7－1－11

パチンコ店の蛍光灯を蛍光灯型ＬＥＤライトに取り替えた場合の取替費用の取扱い

Ｇ社は、節電対策として、経営するパチンコ店の蛍光灯を蛍光灯型ＬＥＤライトに取り替えることを考えていますが、その取替費用を修繕費として損金の額に算入して差し支えないでしょうか。

なお、Ｇ社では、これまで蛍光灯が切れた際の取替費用を消耗品費として処理しています。

（取替の概要）

パチンコ店の蛍光灯100本すべてを蛍光灯型ＬＥＤライトに取り替える。

なお、この取替えに際し、店舗の天井のピットに装着された照明設備（建物附属設備）は、特に工事は行われない。

蛍光灯型ＬＥＤライトの購入費用は、１本当たり10,000円

取付工事費は、１本当たり1,000円

取替えに係る費用総額は、1,100,000円

（取替のメリット）

消費電力が少ないので、電気代の削減につながる。

機材の寿命が長いので、費用が節約できる。

ＬＥＤライトの白色光は、虫の飛来抑制にもなる。

安全で軽量である。

発熱量が少ないため、空調に与える影響が少なく、エアコンの電気代の削減にもつながる。

A　修繕費として損金の額に算入して差し支えないものと考えます。

解　説

法人が、その有する固定資産の修理、改良等のために支出した金額のうち、その固定資産の通常の維持管理のため、又はき損した固定資産につきその原状を回復するために要したと認められる部分の金額は、修繕費となります（法基通７－８－２）。

一方、法人が、その有する固定資産の修理、改良等のために支出した金額のうち、その固定資産の価値を高め、又はその耐久性を増すこととなると認められる部分に対応する金額は、資本的支出となります（令132、法基通７－８－１）。

蛍光灯を蛍光灯型ＬＥＤライトに取り替えることで、節電効果や使用可能期間などが向上している事実をもって、その有する固定資産の価値を高め、又はその耐久性を増しているとして、資本的支出に該当するのではないかとも考えられますが、蛍光灯又は蛍光灯型ＬＥＤライトは、照明設備（建物附属設備）がその効用を発揮するための一つの部品であり、かつ、その部品の性能が高まったことをもって、建物附属設備として価値等が高まったとまではいえないと考えられますので、修繕費として処理することが相当であると考えます。

【参考】

令132、法基通７－８－１、７－８－２

第8節　少額減価償却資産

リース資産に係る中小企業者等の少額減価償却資産の取得価額の損金算入の特例の適用

Q 31

法人がリース取引（法人税法第64条の２《リース取引に係る所得の金額の計算》第３項に規定するリース取引をいいます。）を行った場合には、税務上、賃借人がリース資産を取得したことになりますが、中小企業者であるH社が取得したリース資産は、租税特別措置法第67条の５《中小企業者等の少額減価償却資産の取得価額の損金算入の特例》の規定の適用対象となるのでしょうか。

A

ご質問のリース資産も本制度の適用対象となると考えます。

ただし、その取得価額が10万円以上30万円未満であるなどの一定の要件を満たす必要があります。

解　説

中小企業者等の少額減価償却資産の取得価額の損金算入の特例の制度は、租税特別措置法第42条の４第８項第７号及び租税特別措置法施行令第27条の４第12項に規定する中小企業者又は農業協同組合等で、青色申告書を提出するもの（常時使用する従業員の数が1,000人以下の法人に限ります。）が、平成18年４月１日から令和５年３月31日までの間に取得価額が30万円未満であるなどの一定の要件を満たす減価償却資産の取得等をし、かつ、事業の用に供した場合に、その事業の用に供した日を含む事業年度において、損金経理を要件にその取得価額の全額を損金算入することができるというものです。

ところで、リース取引により取得したリース資産については、税務上、「リース資産の賃貸人から賃借人への引渡しの時にそのリース資産の売買があった（法64の２①）」ものとされることから、そのリース資産は賃借人が取得したことになりますので、中小企業者等の少額減価償却資産の取得価額の損金算入の特例の制度の適用対象とすることができます。

ただし、当然のことながら、取得価額が10万円以上30万円未満であるなどの本制度の適用要件を満たす必要があります。

【参考】

法64の２、措法42の４、67の５、措令27の４、39の28

中小企業者等の少額減価償却資産の取得価額の合計額が300万円を超える場合

Q 32

Ａ社では、取得価額が30万円未満の少額減価償却資産を多数購入し、その取得価額を合計すると400万円になりました。この場合、当事業年度において即時償却することができるのは300万円ですか。

A

個々の少額減価償却資産の取得価額の合計額で300万円までの金額が対象となります。

解　説

中小企業者又は農業協同組合等で、青色申告書を提出するもののうち常時使用する従業員の数が500人以下の法人が、令和４年３月31日までに取得等し、事業の用に供した減価償却資産で、その取得価額が30万円未満であるもの（少額減価償却資産）の取得価額に相当する金額を損金経理した場合には、その損金経理した金額を損金の額に算入することができます。この場合、その事業年度における少額減価償却資産の取得価額の合計額が300万円を超えるときは、その取得価額の合計額のうち300万円に達するまでの少額減価償却資産の取得価額の合計額が限度とされます（措法67の５①、措令39の28①）。

つまり、その事業年度における取得価額の合計額が300万円を超える場合には、300万円が対象となるのではなく、個々の少額減価償却資産の取得価額の合計額で300万円までの金額とされます。

【参考】

措法67の５、措令39の28

第9節　一括償却資産

一括償却資産を除却した場合の取扱い

Q33

I社は、前事業年度において、パソコンを10台（1台当たり15万円）購入し、決算においては一括償却資産として、その取得価額の合計額の3分の1を損金の額に算入しました。

今期になって事業規模を縮小することとなったため、そのうちの3台を除却処分にしましたが、この場合に、当事業年度においては、除却処分したパソコンの取得価額のうち未だ損金の額に算入されていない金額を除却損失として、残り7台分の一括償却資産の損金算入額を計算すればよいのでしょうか。

A

一括償却資産を事業の用に供した事業年度（以下「供用事業年度」といいます。）後の各事業年度において、その一括償却資産を除却等した場合であっても、損金算入できる金額は、あくまで一括償却資産の損金算入の規定による損金算入限度額に達するまでの金額であり、個別に除却損等を計上することは認められません。

解　説

法人が、一括償却資産について、法人税法施行令第133条の2《一括償却資産の損金算入》の規定の適用を受けることを選択した場合には、例えば、供用事業年度の翌事業年度以後にその資産の全部又は一部につき滅失、除却等の事実が生じたときに、その滅失等した減価償却資産の取得価額のうち未だ損金算入されていない部分の金額に相当する金額をその事実が発生した事業年度の損金の額に計上できるのかという疑問が生じます。

この点、同条第1項の文理上、一括償却資産の取得価額の合計額を供用事業年度以後の各事業年度の「費用の額又は損失の額とする方法を選定したとき」に同項に定める損金算入限度額の範囲内で損金の額に算入することとなる訳ですから、法人がその方法を選択した以上、たとえその一括償却資産について滅失等の事実が生じたとしても、その損金算入限度額は同項に規定する金額になると解されます。

また、同条の規定が設けられた趣旨は、取得価額が20万円未満の減価償却資産を企業が個別管理することによる事務負担に配慮したものであり、このことからすれば、供用事業年度後の個々の資産の状況にかかわらず、同条第1項の規定に従い計算される損金算入限度額の範囲内での損金算入を行うべきものであると考えられます。

そこで、取得価額が20万円未満の減価償却資産につき、法人がこの規定の適用を選択した場合においては、供用事業年度後の各事業年度において、滅失や除却等の事実が生じた場合であっても、その損金算入額は、その滅失等した減価償却資産の取得価額のうち、未だ損金算入されていない金額に相当する金額の全額ではなく、同項の規定による損金算入限度額に達するまでの金額になります（法基通7－1－13）。

また、一括償却資産の全部又は一部を譲渡した場合についても、同様に取り扱われます（法基通7－1－13（注））。

したがって、一括償却資産の損金算入の規定を適用することを選択した減価償却資産の一部を除却した場合であっても、その償却限度額は、パソコン10台（除却した3台を含みます。）に対応する金額となりますから、除却したパソコン３台の除却損相当額を当事業年度の損金の額に算入することは認められません。

【参考】

令133の２、法基通７－１－13

第10節　繰延資産

ホテルチェーンに加盟するに当たり支出する加盟一時金

　Ｊ社は、昨今のインバウンドブームに乗り遅れないために、ホテル経営に乗り出すこととし、ホテル経営に関するフランチャイズ・システムに加盟するため、ホテルチェーン加盟契約を締結しました。その際、フランチャイザー（本部）に対して加盟一時金を契約当初に支払いましたが、この加盟一時金は、税務上繰延資産とすべきでしょうか。繰延資産となるのであれば、その償却期間は何年が適当でしょうか。

　なお、このフランチャイズ・システムに加盟することによって、フランチャイザー（本部）から

①　ホテル経営に関する指導、援助、助言

②　全国的な広告宣伝

③　宿泊者のあっせん

などの役務提供を契約期間にわたって受けることができるようになりますが、その役務提供を受けた場合には、一定の対価を支払うことになっています。

　また、契約期間は20年（契約期間満了後は特別の事情がない限り、更に20年延長されます。）となっており、支払った加盟一時金は、将来において返還されることはありません。

ご質問の加盟一時金は繰延資産に該当し、その償却期間は５年となります。

解　説

ご質問の加盟一時金は、「役務の提供を受けるために支出する権利金その他の費用」に該当し、その支出の効果が１年以上に及ぶものですから、繰延資産に該当すると考えます（法令14①六ハ）。

また、この種の繰延資産の効果の及ぶ期間は、一定の契約をするに当たり支出するものについては、原則としてその契約期間を基礎として適正に見積ることとされています（法基通８－２－１）から、償却期間は契約期間である20年とすべきとも考えられますが、①建物を賃借するために支出する通常の権利金、ノーハウの設定契約に際して支出する一時金等の償却期間については、一般的に５年とされていること（法基通８－２－３）、②同業者団体等の加入金については、その償却期間が５年として取り扱われていることから、ご質問の一時金についてもその償却期間を５年として取り扱って差し支えないと考えます。

【参考】

令14①六、法基通８－２－１、８－２－３

第4章

役員給与

第1節　役員給与

支給済みの役員賞与を回収した場合

Q35

Ａ社は、年１回３月決算の法人ですが、当事業年度中の令和２年７月と12月に役員賞与をそれぞれ1,000万円と1,200万円支給し、源泉所得税も納付しました。Ａ社は、この役員賞与を仮払処理しています。

ところが、期末に至り、業績不振のため赤字決算が見込まれることとなりましたので、支給済みの役員賞与を事業年度末までに返還させることにしましたが、返還を受ける賞与相当額は、Ａ社の所得の金額の計算上、益金の額に算入すべきでしょうか。

益金の額に算入する必要はないと考えます。

解　説

ご質問のポイントは、いったん支給した役員賞与（源泉所得税納付済み）を回収した場合において、その行為を受贈行為とし、回収した金額が法人の所得金額の計算上、益金の額となるのかということです。

いったん賞与を支給した以上、そこには、当然、支払債務の確定、債務の履行（支払）の行為があり、したがって、支払済みの場合には、同収金額に相当する金額の受贈益が発生すると考えられます。

業績不振等を理由として、未払の状態の役員給与を支払わないこととした場合には、支払わないことが確定した事業年度において益金の額に算入しないことができるとされています（法基通４－２－３）が、このこととのバランスを考慮した場合に、すでに支給済みの場合は益金の額に算入すべきであるとも考えられます。

しかし、支給と回収が同一事業年度内になされた場合には、決算確定前の行為であり、回収の時に仮払金を消去する仕訳をするだけであって、賞与として損金の額に算入されたことがないことになります。そうして組まれた確定決算を基に法人税の確定申告がなされるのであれば、益金の額に算入する必要はないものと考えます。

【参考】

法基通４－２－３

「事前確定届出給与に関する届出書」を提出している法人が、特定の役員に届出書の記載額と異なる給与を支給した場合の取扱い

Q 36

Ｂ社は、所轄税務署に「事前確定届出給与に関する届出書」を提出期限内に提出していますが、役員甲に対してのみ届出書に記載した金額と異なる金額の給与を支給しました。

この場合、役員甲に支払った役員給与は損金の額に算入できなくなると思いますが、役員甲以外の役員に支給した役員給与についても、役員甲と同様に法人税法第34条第１項第２号《役員給与の損金不算入》に該当しなくなり、損金の額に算入することができなくなるのでしょうか。

A

「事前確定届出給与に関する届出書」の記載額と同額を支給した役員甲以外の役員に対して支給した役員給与については、法人税法第34条第１項第２号に該当し、損金算入することが認められると考えます。

解　説

法人税法第34条第１項第２号《事前確定届出給与》では、「その役員の職務につき所定の時期に、確定した額の金銭…を交付する旨の定めに基づいて支給する給与」と規定しており、個々の役員に係る給与について規定していると判断されることから、法人が「事前確定届出給与に関する届出書」を提出した場合には、そこに記載されたそれぞれの役員ごとの給与について、それぞれ届け出たものと判断すべきであると考えます。

つまり、役員甲に対する給与の支給内容が、他の役員に対する給与に

影響を与えるものではありません。

したがって、役員甲に対して届出書の記載内容と異なる金額の役員給与を支給したとしても、そのことを理由として、役員甲以外の役員に対して事前届出どおりに支給した役員給与が損金不算入になることはないと考えます。

【参考】

法34①二

定期給与の増額改定に伴う一括支給額（定期同額給与）

C社（年１回３月決算）は、６月末の定時株主総会において、役員に対して支給する定期給与（その支給時期が１か月以下の一定の期間ごとであるものをいいます。以下同じ。）について増額改定を決議することが慣例となっています。増額改定に当たっては、期首の４月にさかのぼって増額することとし、４月分から６月分までの給与の増額分は、７月に一括支給することにしています。

このような支給形態の場合、７月に一括支給する増額分を含め、法人税法第34条第１項第１号《役員給与の損金不算入》に規定する定期同額給与として損金の額に算入することができるでしょうか。

７月に一括支給する増額分は定期同額給与に該当しないため、損金の額に算入されません。

解　説

法人が役員に対して支給する給与（退職給与等を除きます。）のうち損金の額に算入されるものは、

①　定期同額給与と

②　事前確定届出給与と

③　業績連動給与

とされています（法34①）。

これらの役員給与は、いずれもその役員の職務執行期間開始前にその職務に対する給与の額が定められているなど支給時期、支給金額について「事前」に定められているものに限られています。

したがって、ご質問の場合のように、３か月とはいえ既に終了した職務執行期間に対して、「事後」に給与の額を増額して支給したものは、これら①から③の損金の額に算入される給与のいずれにも該当しないことから、損金の額に算入されないものと考えます。

【参考】

法34①一

役員の分掌変更に伴う給与の増額改定（定期同額給与）

Ｄ社（年１回３月決算）では、代表取締役甲が急逝したことから、10月１日に臨時株主総会を開催し、甲の長男である取締役乙を後任の代表取締役に選任するとともに、乙の役員給与を月額50万円から前任者甲と同額の月額100万円に増額改定することを決議しました。この場合、Ｄ社が乙に支給する役員給与は法人税法第34条第１項第１号《役員給与の損金不算入》に規定する定期同額給与には該当しなくなるのでしょうか。

なお、この改定前の定期給与（その支給時期が１か月以下の一定の期間ごとであるものをいいます。以下同じ。）は、前事業年度の定期給与と同額であったため、本年の定時株主総会では前年の定時株主総会において決議された額と同額とすることを決議しておりません。

ご質問の場合には、乙の給与の増額改定前の定期給与と増額改定以後の定期給与とのそれぞれが、定期同額給与に該当するものとして損金の額に算入されるものと考えます。

解　説

役員に対して支給する定期給与のうち次のものは、定期同額給与として、これを支給する法人の各事業年度の所得の金額の計算上、損金の額に算入されます（法34①一）。

①　当該事業年度の各支給時期における支給額が同額であるもの

②　次に掲げる改定がされた場合における、その事業年度開始の日又は給与改定前の最後の支給時期の翌日から給与改定後の最初の支給時期の前日又はその事業年度終了の日までの間の各支給時期における支給額が同額であるもの

イ　その事業年度開始の日の属する会計期間開始の日から３か月を経過する日までにされた定期給与の額の改定

ロ　その事業年度において法人の役員の職制上の地位の変更、その役員の職務の内容の重大な変更その他これらに類するやむを得ない事情（以下「臨時改定事由」といいます。）によりされたこれらの役員に係る定期給与の額の改定

ハ　その事業年度において法人の経営の状況が著しく悪化したことその他これに類する理由によりされた定期給与の額の改定

ご質問の場合は、代表者の急逝に伴う役員乙の職制上の地位の変更により、事業年度の中途に行った役員乙の定期給与の額の改定ですから、上記②のロの臨時改定事由によりされた定期給与の額の改定に該当します。

したがって、その事業年度開始の日から改定後の最初の支給時期の前日までの間の各支給時期における役員乙の定期給与の額が同額(50万円)であり、かつ、改定前の最後の支給時期の翌日からその事業年度終了の日までの間の各支給時期における役員乙の定期給与の額が同額（100万円）であれば、増額改定前の定期給与と増額改定以後の定期給与とのそれぞれが、定期同額給与に該当することになります。

【参考】

法34①一、令69①、法基通９－２－12の３

多額の賠償金を負担することとなった場合の役員給与の減額

Ｅ社は、製品が他社の特許権を侵害しているとして特許権者から訴訟を提起されました。この度判決を受け、Ｅ社の特許権侵害が認定され、３億円の賠償金の支払を命じられました。

そのことが原因で、Ｅ社の財務内容が急激に悪化することが予想されるため、臨時取締役会で、全取締役の給与の額を20%、３か月間減額することを決議しました。

この場合、特別の事情による改定に該当し、定期同額給与に該当すると判断して差し支えないでしょうか。

特別の事情による改定に該当し、定期同額給与に該当すると判断して差し支えないと考えます。

解　説

定期同額給与は、役員に対して支給される定期の給与で、その事業年度の各支給時期における支給金額が同額であるものをいい、損金の額に算入されます（法法34①一）。したがって、事業年度の途中で役員給与の額が変動した場合には、定期同額ではありませんので、その場合には損金の額に算入することができなくなります。

しかし、会社が不祥事を起こしてしまい、社会の信用を失墜させてしまった経営陣の責任を考え、役員の給与を減額したり返上させたりすることは、新聞紙上でもよく見かけることです。このような場合にも、一律に定期同額給与に該当しないとしてしまうことは、社会常識から乖離していると考えられます。

そこで、定期同額給与の改定のうち、その事業年度においてその法人の経営状態が著しく悪化したこと、その他これに類する理由によりされた減額改定は､改訂の前と後のそれぞれの期間で同額を維持していれば、定期同額給与として取り扱われます（法令69①一ハ）。

ご質問のように、役員給与を減額することなった理由が、特許権の侵害が裁判で認定され、多額の賠償金を支払う必要が生じたことを原因として、企業秩序を維持して円滑な企業運営を図り、社会的評価の回復のためにやむを得ず行われたことであり、社会通念上相当のものであると考えられますので、役員給与の減額の前と後で、それぞれ同額が維持されるのであれば、定期同額給与に該当するものとして差し支えないと考えます。

【参考】

法34①一、令69①一ハ

役員の月給を低額に抑えて賞与を支給することの可否

Q 40

D社は、役員の社会保険料の負担額を抑えるために、4月から6月までの月々の給与を10万円とし、他の月の給与を130万円(年間で1,200万円)とし、7月と12月に500万円の賞与を支給する内容(年間総額2,200万円)の「事前確定届出給与の届出」をし、そのとおりに支給しています。

この場合、各月の役員給与と役員賞与は損金の額に算入することができるでしょうか。

A

事前確定届出給与の届出のとおり給与が支給されており、各月の給与の額又は賞与の額が不相当に高額であると認められない限り、損金の額に算入することができるものと考えます。

解　説

法人が役員に対して支給する給与の額は、定期同額給与、事前確定届出給与及び業績連動給与に該当する場合を除いて、原則として損金の額に算入されません（法34）。

お尋ねの場合、事前確定届出給与の届出をし、そのとおりに給与と賞与を支給しているとのことですから、その点では、損金の額に算入することが認められます（法34①二）。

ただ、各月の支給額と賞与の額に大きな差があることから、不相当に高額であると認められる場合に該当し、その部分の金額は損金の額に算入されないのではないかとの疑念が生じます（法34②④）。

お尋ねの場合、年間の給与総額は1,200万円で賞与の額が1,000万円、合計額が2,200万円ですが、税法が定める不相当に高額な給与とは、各月の給与の支給額や個々の賞与の額で判定するのか、年間の支給総額で判断するのかという疑問が生じます。

税法の規定を見ると、内国法人がその役員に対して支給する給与の額のうち不相当に高額な部分の金額は、損金の額に算入しない（法34②④）とし、具体的には、次の金額の合計額としています（令70）。

イ　法人が各事業年度においてその役員に支給した給与の額が、その役員の職務の内容、その法人の収益及びその使用人に対する給与の支給の状況その法人と同種の事業を営む法人で事業規模が類似するものの役員に対する給与の支給の状況等に照らし、その役員の職務に対する対価として相当であると認められる金額を超える場合におけるその超える部分の金額

ロ　定款の規定又は株主総会等の決議により役員に対する給与として支給することができる金銭の額の限度額若しくは算定方法等を定めている法人が、各事業年度においてその役員に対して支給した給与の額の合計額がその事業年度に係るその限度額及びその算定方法により算定された金額等を超える場合にはその超える部分の金額

税法の規定振りを見ると、「各事業年度においてその役員に支給した給与の額」又は「各事業年度においてその役員に対して支給した給与の額の合計額が」とされており、各月の給与の支給額とも個々の賞与の額とも書いていません。

したがって、その役員に支給した給与の額の合計額が不相当に高額であると認められない場合には、損金の額に算入されるものと考えます。

【参考】

法34、令70

執行役員は法人税法上の役員に該当するか

Q41

Ａ社には、取締役専務執行役員と専務執行役員というポストがありますが、それぞれ法人税法上の取扱いはどのようになるのでしょうか。

A

取締役専務執行役員は法人税法上の役員に該当し、専務執行役員はみなし役員に該当しない場合には法人税法上の役員には該当しません。

解　説

1　法人税法上の役員は、

①　法人の取締役、執行役、会計参与、監査役、理事、監事及び清算人、

②　法人の使用人（法人の職制上使用人としての地位のみを有する者に限ります。）以外の者で法人の経営に従事しているもの（みなし役員）、

②　同族会社の使用人のうち、一定の株式保有割合要件（省略）を満たす者で、その会社の経営に従事しているもの

とされています（法２十五、令７）。

執行役員とは、経営陣が決定した方針に従って事業運営を担う役職で、会社法には定義されていない会社が独自に設けている従業員のポストを言います。ポストに役員という文字が含まれていますが、会社経営の意思決定権を持ちませんし、会社とは雇用関係にあるため、会社法上の役

員ではありません。

一方、取締役は、会社法に定義された役員の一つで、株主総会で選任され、株式会社に必ず設置しなければならない機関です（会社法326①）。取締役会が会社経営の意思決定を行い、執行役員は従業員として決定内容を実行する関係にあります。

会社によっては、ＣＥＯ（最高経営責任者）やＣＯＯ（最高執行責任者）などの肩書を設けている場合もありますが、これらの肩書も会社法で定められたものではなく、企業が独自に設けている呼称です。

したがって、取締役専務執行役員は役員である取締役が執行役員を兼務している場合と考えられますので、法人税法上の役員に該当します。また、専務執行役員は専務と呼ばれてはいますが、取締役ではなく、みなし役員に該当しない場合には、法人税法上の役員には該当しません。

【参考】

法２十五、令７

期中に役員給与を減額して増額する場合

B社では、新型コロナウイルス感染症の影響で売上げが減少し資金繰りがひっ迫したため、定期同額の役員給与の額を期中に減額しました。

この度、緊急事態宣言が解除され、B社の売上げも回復の兆しが見えてきたことから、同じ期中に役員給与の額を元どおりに増額改定する予定です。

いずれも新型コロナウイルス感染症の影響によることであり、恣意的な改定ではないので、定期同額給与に該当するものと思いますが、いかがでしょうか。

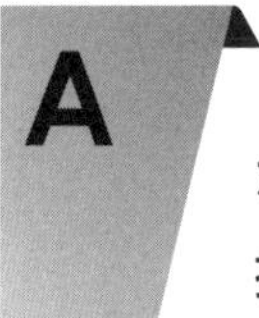

1回目の減額改定は業績悪化事由に該当し問題ありませんが、2回目の増額改定は定期同額改定に該当せず、増額分は損金不算入となります。

解　説

① その事業年度においてその法人の経営の状況が著しく悪化したことその他これに類する理由（業績悪化改定事由）によりされた定期給与の額を減額改定し、その減額改定した前後の期間において、それぞれ支給額が同額であれば、定期同額給与として損金の額に算入されます（法令69①一ハ）。

② この減額改定に関しては、国税庁の「国税における新型コロナウイルス感染症拡大防止への対応と申告や納税などの当面の税務上の取扱

いに関するＦＡＱ」の「５　新型コロナウイルス感染症に関連する税務上の取扱い」の問６と問６－２で、新型コロナウイルス感染症が原因で業績が悪化した場合などに事業年度の途中で役員給与を減額改定した場合には、①の業績悪化改定事由に該当し、定期同額給与に該当すると公表しています。

ただ、その後、同一事業年度中に再び役員給与の額を改定し元どおりにした場合は増額改定であり、業績悪化改定事由に該当しないことはもちろん、国税庁からもこのような事例のＦＡＱも出されていません。

したがって、役員給与の増額改定が臨時改訂事由に該当するかどうかで判断することになります。役員給与の臨時改定事由は、その事業年度においてその法人の役員の職制上の地位の変更、その役員の職務の内容の重大な変更その他これらに類するやむを得ない事情（臨時改定事由）によりされたこれらの役員に係る定期給与の額の改定は、損金不算入とはしないと規定されています（法令69①一ロ）。

お尋ねの増額改定はこれには該当しませんので、定期同額給与には該当せず、役員給与の額を元どおりに増額改定した金額のうち、増額前の（減額支給していた）金額を超える部分の金額が損金不算入となります。

なお、仮に、役員給与を減額改定した後で、更に業績が悪化したことにより二度目の減額改定をした場合には、②に該当しますので、①の業績悪化改定事由に該当し、定期同額給与に該当すると考えられます。

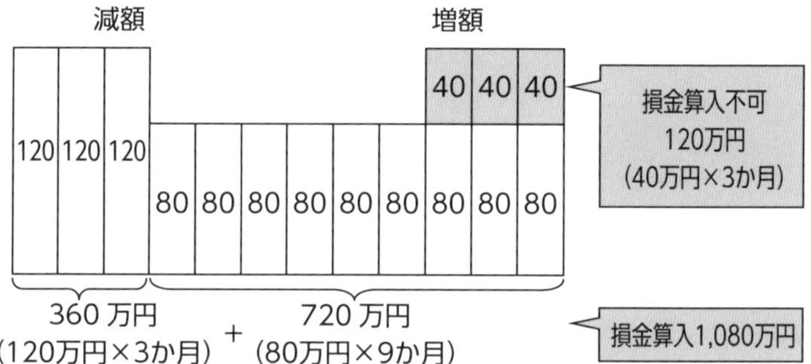
減額
増額
40
40
40
120
120
120
80
80
80
80
80
80
80
80
80
損金算入不可
120万円
(40万円×3か月)
360 万円
(120万円×3か月)
+
720 万円
(80万円×9か月)
損金算入1,080万円

【参考】

法令69

第2節　役員退職給与

役員の分掌変更により支給する退職金の取扱い

Q 43

F社では、代表取締役丙を株主総会の議決により常勤監査役に分掌変更し、丙の長男を代表取締役に選任しました。F社では、前代表取締役丙の分掌変更に伴い、退職金を支給したいと考えていますが、次のような場合、その退職金を損金の額に算入することができるでしょうか。

（事実関係）

①　月額給与は分掌変更前の48%に減少する。

②　常勤監査役とはいえ、実際は閑職である。

③　社内、社外での地位も大幅に下落する。

④　実質的には退職を前提とした慣例的な措置である。

⑤　この支給後、常勤監査役期間を対象として退職金を支給することはない。

ご質問の事実関係である限り、退職給与を損金の額に算入することが認められるものと考えます。

解　説

役員に対する退職給与を損金算入する日は、法人税基本通達９－２－28

《役員に対する退職給与の損金算入の時期》で株主総会等の決議によりその額が具体的に確定した日の属する事業年度とされ、現実に退職給与の額を支払った日の属する事業年度に損金経理することも認められています。

一方、実際には退職していないにもかかわらず、実質的に退職と同様の事情がある場合にも法人税基本通達9－2－32《役員の分掌変更等の場合の退職給与》により損金算入が認められる場合が用意されています。つまり、

① 常勤役員が非常勤役員となった場合

② 取締役が監査役になった場合

③ 給与の額が分掌変更後激減（おおむね50％以上の減少）した場合

など職務内容、役員としての地位が激変した場合が該当するとされています。

ご質問の場合は、事実関係のとおりであれば、法人税基本通達9－2－32の要件に該当すると考えられますので、退職金は損金の額に算入されるものと考えます。

ところで、法人税基本通達9－2－32を適用する際の注意点ですが、給与の額が半分未満になれば、それだけで退職金の支給が認められると指導する税理士がいるようですが、これは誤りです。

通達の本文を良く読んでみますと、「…など、…実質的に退職したと同様の状況にあると認められることによるものである場合には、これを退職給与として取り扱うことができる。」とされており、事実関係を総合勘案した結果「実質的に退職」していなければ退職金の損金算入は認められません。

では、実質的に退職とはどのような状況を言うのでしょうか。通達に例示されていることは当然として、税務の現場では、会社の資金繰りや人事に口を出さないことが重要だと言われています。人の採用や昇任な

どの作業に参加してはなりませんし、銀行に融資を申し込む場合に、新社長に同行して銀行の支店長などと面接していては、経営、特に資金繰りにタッチしていると判断されてしまいますので慎重な対応が求められます。

　では、仮に分掌変更の退職金を税務調査で否認されてしまうことになった場合の対応策ですが、認定賞与とされてしまいますと、退職所得と違って、所得税の負担が大きくなってしまいます。さらに、社外流出ですから、会社としましても、今後改めて退職金を支給することもできないでしょう。

　そのような場合には、役員貸付金と処理してもらえるように交渉してみましょう。そうすれば、退職金の損金算入が時期尚早であったということになり、実際に退職するときに、改めて退職金の支給を決議して、退職金と貸付金を相殺すれば、退職所得での課税を受けることができますし、その時に退職金の損金算入が認められます。

【参考】

法34、法基通９－２－32

功績倍率が「３」を超える役員退職給与を支給することについて

Ｇ社の社長が退職することが株主総会で承認されましたので、退職金を支給することになりました。退職金の額は取締役会で決定されましたが、その算定根拠は次のとおりです。

20万円（最終報酬月額）×30年（役員在職期間）×５（功績倍率）＝3,000万円

創業者である社長は、ここ数年間経営の実権を専務である長男に任せてきたため、自分の給与の額は低く抑えてきました。Ｇ社は、機械部品製造業として長い社歴を誇り、毎年数億円の所得金額で法人税の確定申告をする地元の著名な法人です。

ところで、役員の退職給与を算定するに当たり、功績倍率が「３」を超えると、不相当に高額な役員退職給与に該当し、法人税の所得の金額の計算上損金の額に算入することができないと聞いたことがありますが、いかがでしょうか。

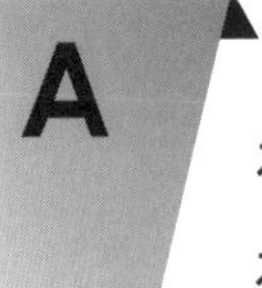

Ｇ社の社長に支給する退職給与の額が、不相当に高額であるかどうかは、功績倍率だけで判断されるものではないと考えます。

解　説

役員に対する退職給与の額のうち不相当に高額とされる部分の金額とは、退職した役員に対して支給した退職給与の額が、その役員のその内

国法人の業務に従事した期間、その退職の事情、その法人の同種の事業を営む他の法人でその事業規模が類似するものの役員に対する退職給与の支給の状況等に照らし、その退職した役員に対する退職給与として相当であると認められる金額を超える場合の、その超える部分の金額をいいます（令70二）。

この場合の「不相当に高額な部分」の金額がいくらなのかについてですが、その退職金を支給する企業においては、比較衡量する同種の事業を営む法人でその事業規模が類似するものの役員に対する退職金の支給実態を把握することは困難です。そこで、実務では、市販の統計資料などを参考にするしかない訳ですが、その資料の販売価格が非常に高額であったり、内容が個別の事情で左右されもします。

ところで、一般的に、企業では役員退職給与の算定式として、次の方法によることが多いと考えられます。

〔　退職する役員の最終月額給与　×　役員在職年数　×　功績倍率　〕

この功績倍率方式は、法人税法等に規定されているものではなく、税務訴訟において役員退職給与の額が不相当に高額なのかどうかが争われた中で、個別事案の妥当性を巡る基準として存在するものです。法人税基本通達では、「いわゆる功績倍率法に基づいて支給する退職給与は、法第34条第５項《業績連動給与》に規定する業績連動給与に該当しないのであるから、同条第１項《役員給与の損金不算入》の規定の適用はないことに留意する。」（法基通９－２－27の２）と規定するのみです。

平成29年に東京地方裁判所の裁判例で、「平均功績倍率は、同業類似法人の抽出が合理的に行われる限り、役員退職給与として相当であると認められる金額を定めるための合理的な指標となるものであるが、あくまでも同業類似法人間に通常存在する諸要素の差異やその個々の特殊性を捨象して平準化した平均的な値であるに過ぎず、本来役員退職給与が当該退職役員の具体的な功績等に応じて支給されるべきものであることに鑑みると、平均功績倍率を少しでも超える功績倍率により算定された役員退職給与の額が直ちに不相当に高額な金額になると解することは余りにも硬直的な考え方であって、実態に即した適正な課税を行うとする法人税法第34条第２項の趣旨に反することにもなりかねず、相当であるとはいえない。…納税者は、法人税法施行令第70条第２号所定の考慮要素である『その内国法人と同種の事業を営む法人でその事業規模が類似するものの役員に対する退職給与の支給の状況』を考慮するに当たり、公刊物等を参酌することでその支給状況を相当程度まで認識することが可能であるとは解されるものの、国が行う（通達回答方式のような）厳密な調査は期待し得べくもないから、このような納税者側の一般的な認識可能性の程度にも充分配慮する必要があり、役員退職給与として相当であると認められる金額は、事後的な課税庁側の調査による平均功績倍率を適用した金額からの相当程度の乖離を許容するものとして観念されるべきものと解される。…このように考えると、少なくとも課税庁側の調査による平均功績倍率の数にその半数を加えた数を超えない数の功績倍率により算定された役員退職給与の額は、当該法人における当該役員の具体的な功績等に照らしその額が明らかに過大であると解すべき特段の事情がある場合でない限り、同号にいう『その退職した役員に対する退職給与として相当であると認められる金額』を超えるものではないと解することが相当であるというべきである。」という判示がありました。

この判示の中で、国が算定した平均功績倍率の1.5倍までの範囲内であるかどうかはともかくとして、「当該法人における当該役員の具体的な功績等に照らしその額が明らかに過大であると解すべき特段の事情がある場合でない限り」過大であるとはいえないということが重要です。

法人税法第34条《役員給与の損金不算入》第２項は、「内国法人がその役員に対して支給する給与の額のうち不相当に高額な部分の金額…は、…損金の額に算入しない。」と規定しており、お尋ねの場合支給される退職給与の額は3,000万円で、会社の規模などから判断しても特に過大であるとは言い切れませんし、役員給与を低く抑えてきた結果、功績倍率が３倍を超えることになったものの、退職給与が役員の退職前における役務の提供の対価の後払いであるとか、在職中の功労に対する報奨金であるという理解もあることを総合的に勘案すると、ご質問の退職給与が過大であるとまでは言えないのではないでしょうか。

【参考】

法34②、令70

死亡により退職した役員の遺族に支払う弔慰金の適正額

H社の代表取締役甲が在任中に持病が原因で死亡しました。H社では、甲に対して退職給与を支給するのに加えて、遺族に対して弔慰金を支給することとしました。死亡した役員の遺族に対して支給する弔慰金の適正額について教えてください。

A

退職時の甲の給与の額の半年分程度であれば、不相当に高額であるとは見られないと考えます。

解　説

法人税法には、弔慰金の額についての規定がありませんが、役員の遺族に支給する弔慰金がその役員に対する退職給与や功労金と明らかに区分して支給されるのであれば、その弔慰金部分については、その役員の社会的地位及び類似企業の支給状況等を勘案して、社会通念上不相当に高額でなければ、損金の額に算入することが認められるものと考えます。

では、社会通念上相当な弔慰金の額とは何を基準に判定するのかですが、例えば、労働基準法においては、労働者が業務上死亡した場合は、平均賃金の1,000日分の遺族補償が必要であると規定しています（労働基準法79）。

また、相続税の考えを引用すると、

① 被相続人の死亡が業務上の死亡であるときは、その雇用主等から受

ける弔慰金等のうち、被相続人の死亡当時における賞与以外の普通給与の3年分に相当する金額

② 被相続人の死亡が業務上の死亡でないときは、その雇用主等から受ける弔慰金等のうち、被相続人の死亡当時における賞与以外の普通給与の半年分に相当する金額

までは、退職手当等に該当しないものとして、相続財産に含めないとしています（相基通3-20）。

法人税の現場でも、弔慰金に関してはこれらの考え方を借用して判断しているようですから、持病で死亡し退職した場合に支給する弔慰金は、退職時の甲の給与の額の半年分程度であれば、不相当に高額であるとは見られないと考えます。

【参考】

相基通3-20

役員の分掌変更等の場合の退職給与を借入金とした場合

Q46

Ｉ社の役員乙は、今回の株主総会で専務取締役から監査役に分掌変更されました。その際、取締役であった期間に相当する退職金を支払うことになりました。

ところが、急な資金需要が発生したために、Ｉ社は役員乙の同意を得て、役員乙に支払うべき退職金の資金をその支払いに回すことにしました。

そこで、Ｉ社と役員乙は金銭消費貸借契約を締結し、Ｉ社は退職金相当額を役員乙からの借入金とし、翌事業年度に返済することとしました。

この場合、Ｉ社は法人税基本通達９－２－32《役員の分掌変更等の場合の退職給与》により、役員乙に対する退職金を当事業年度の損金の額に算入することができるでしょうか。

役員乙からの借入金とした退職金相当額は、損金の額に算入することができると考えます。

解　説

法人税基本通達９－２－32により、役員乙の分掌変更による退職金の支給が損金として認められる状況であるとの前提で、同通達の注書きの「本文の『退職給与として支給した給与』には、原則として、法人が未払金等に計上した場合の当該未払金等の額は含まれない。」が、役員乙からの借入金とした場合にも該当するのかということに絞って説明します。

役員退職給与を実際には支給せず、役員からの借入金として法人に導入した場合には、いったん支給された退職金の手取額をその役員の意思で法人に貸し付けたものと見るのが税務の現場の考え方となっています。役員乙がＩ社から支給された退職金をいったん手にした後で、自身の意思で、自身の財産をＩ社に貸し付けたと認定されるわけです。本人の意思でＩ社に貸し付けたという点で、Ｉ社が一方的に未払いとした場合とは異なる事実関係が成立します。

したがって、お尋ねの場合には、法人税基本通達９－２－32の注書きの適用範囲には該当しないと考えるべきですから、注書きによって退職金の損金算入が否定されることはないものと考えます。

ところで、法人税基本通達９－２－32の注書きは、法人が利益調整の目的で役員の分掌変更を利用して、実際に退職金を支払うことなく未払経理することを排除する目的で設けられたものですが、国税庁法人課税課による「法人税基本通達逐条解説」では、「ただし、役員退職給与という性格上、その法人の資金繰り等の理由による一時的な未払等への計上までも排除することは適当でないことから、『原則として』という文言が付されているものである。」との解説がなされています。

また、平成24年２月に出された裁判例で、役員の分掌変更により支給される退職給与の分割支給が認められたことを受け、「ところで、このように、原則としては未払金等への計上を認めないこととしていることとの関係上、退職金を分割して支払いその都度、損金算入するといったことも認められないのではないかと見る向きがある。この点、役員の分掌変更等が実質的に退職したと同様の事情にあることが前提であることは言うまでもないが、分割払いに至った事情に一定の合理性があり、かつ、分掌変更段階において退職金の総額や支払の時期（特に終期）が明確に定められている場合には、恣意的に退職金の額の分割計上を行ったと見ることは適当ではないことから、支払の都度損金算入することが認められると考えられる。」と書き加えられています。

【参考】

法基通９－２－28、９－２－32

役員の分掌変更による退職金を未払計上した場合

Ｅ社の取締役乙は、この度監査役となり給与の額が月額100万円から年額100万円に減額されるなど、法人税基本通達９－２－32《役員の分掌変更等の場合の退職給与》に定める「実質的に退職したと同様の事情にあると認められる」状況になりました。

その際、Ｅ社は乙に対して退職給与を支給することにしましたが、昨今のコロナ不況の影響でＥ社の決算が芳しくなく、乙に対する退職金5,000万円を一度に支給すると赤字決算になってしまいます。また、ひっ迫している資金繰りも考慮して、当期には2,000万円を支給し、残額の3,000万円を翌期に支給することについて乙の承諾を得ました。

役員の分掌変更等により退職金を支給する場合には、現実に支給しなければならず、未払計上は認められないと聞きましたが、残額の3,000万円を来期以降に支給した場合には退職給与として損金の額に算入することができないのでしょうか。

お尋ねの事情であれば、分割支給となった理由に合理性があると認められますので、退職金の支給の都度損金の額に算入することが認められると判断します。

解　説

役員の分掌変更等の場合の退職給与の損金算入については、法人税基本通達９－２－32の注書きに「本文の「退職給与として支給した給与」には、原則として、法人が未払金等に計上した場合の当該未払金等の額は含まれない。」と規定されています。

退職給与は、本来退職に起因して支払われるものですが、退職していないにもかかわらず、社内における役職等が激変したことで実質的に退職したと同様の事情にある場合に、特例として退職金の計上を認める趣旨の通達ですから、法人が実際に支払った場合に限られ、未払金等に計上したものはその対象から除外されます。

ただし、役員退職給与という性格上、使用人に支払う退職金とは異なり、法人の資金繰り等の理由で一時的に支払が留保されることも考えられます。

そのようなことから、「原則として」という文言が加えられ、事情によっては未払計上も認められるものと考えます。

一方、役員退職給与の額は、株主総会の決議等によりその額が確定した日の属する事業年度の損金の額に算入するのが原則で、現実に支払った日の属する事業年度の損金とすることも認められています（法基通９－２－28）。

支払日に損金算入することが認められているのは、役員が不慮の事故や病気で事業年度の途中で死亡してしまい、取り急ぎ退職金を出す必要がある場合や、退職金の額が決議されたものの資金繰り等の都合で支払うことができない場合を想定したものであると考えられます。

裁判例を見てみると、役員の分掌変更による退職金の打切支給について、退職金の総額を決議した事業年度で資金繰りと赤字決算対策のために、退職時に一部を支給してその金額を損金の額に算入し、残額の一部を次の事業年度で支給してその金額を損金の額に算入した事例で、退職金を支給した都度損金の額に算入したのは中小企業にとっては公正妥当な会計処理であり認められるとされた事件があります（東京地裁平成27.2.26）。

以上のことから判断して、分割払いに至った事情に一定の合理性があり、かつ、分掌変更段階において退職金の総額や支払の時期や終期が明確に定められている場合には、恣意的に退職金の額を分割計上することを図ったものと判断することは適当ではないとの考えで、支払う都度損金の額に算入することが認められると考えます。

【参考】

法基通9－2－28、9－2－32

第5章

使用人給与

第1節　使用人賞与

使用人が役員となった後に支給される賞与

Q 48

Ａ社の使用人であった甲は、令和３年６月に役員に就任しました。その後、Ａ社が甲に対して同年７月と12月に支給する賞与には、甲が使用人であった時代の賞与支給対象期間が含まれています。このような場合、Ａ社が12月に支給する賞与であっても、甲が使用人であった期間に相当する金額は損金の額に算入することができるでしょうか。

A

使用人期間相当分の賞与の額は、損金の額に算入することができると考えます。

解　説

法人税基本通達９－２－27《使用人が役員となった直後に支給される賞与等》は、使用人であった者が役員に就任した場合に、その直後にその者に対して支給された賞与の額のうちに使用人であった期間に係る賞与として相当であると認められる部分の金額が含まれていることが明らかであるときには、賞与を支給するときの役職にかかわらず、その賞与のうちに使用人賞与とする部分があることを認めることとした趣旨のものです。

また、役員就任直後に支給される賞与と規定されていますが、役員の就任時期によっては、就任直後に支給される賞与の次に支給される賞与であっても、使用人時代の支給対象期間が含まれることもあり得ます。この通達は、そのような場合を排除する趣旨ではないと考えられます。

　したがって、ご質問のように、その支給対象期間に使用人であった期間が含まれる賞与については、その支給が役員就任後初めてのものでない場合であっても、使用人賞与が含まれるものとして取り扱うのが相当であると考えます。

【参考】

法基通９－２－27

使用人に対する賞与の未払計上

Ｂ社はビル清掃業を営んでおり、全国に100を超える営業所があります。それぞれの営業所には、営業所長がおり、数千人に及ぶ清掃員は全てＢ社の使用人です。

Ｂ社では、この度全従業員に対して決算賞与を支給することとしました。決算日に在職する全員を対象として、決算日の２週間後に支給する予定です。

決算賞与の未払計上をするための要件を規定した法人税法施行令第72条の３《使用人賞与の損金算入時期》第２号イに定める「その支給額を、各人別に、かつ、同時期に支給を受ける全ての使用人に対して通知をしていること」という要件を満たすために、全国の営業所長に対して営業所長本人と所属する清掃員の支給額の一覧表をメールで送信し、事業年度の末日までに全清掃員に口頭で周知するよう各営業所長に指示しました。

この場合、Ｂ社では、決算賞与の額を当事業年度の損金の額に算入することができるでしょうか。

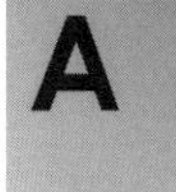

事業年度末までに清掃員全員に周知したことが確認できない場合には、決算賞与の額を当事業年度の損金の額に算入することはできません。

解　説

使用人賞与の損金算入時期は、原則として賞与を実際に支給した日の属する事業年度です（令72の３三）。

しかし、労働協約等で支給日が定められている場合（令72の３一）のほか、次の要件の全てを満たす場合には、使用人にその賞与の支給額を通知した日の属する事業年度の損金の額に算入することが認められます（令72の３二）。

イ　その支給額を、各人別に、かつ、同時期に支給を受ける全ての使用人に対して通知をしていること

ロ　イの通知をした金額を当該通知をしたすべての使用人に対し当該通知をした日の属する事業年度終了の日から１月以内に支払っていること

ハ　その支給額につきイの通知をした日の属する事業年度において損金経理をしていること

これらの要件のうち税務調査の現場でよく問題になるのが、イの全ての使用人に対して通知できているかどうかです。従業員の数が少ない法人の場合は、一人一人に口頭伝達や支給明細書を交付することで支給額を通知して、ハンコをもらうなどの手段が考えられますが、従業員の数が多い場合には、Ａ社のように責任者に伝達させることも必要になります。しかしながら、ご質問の場合には、各営業所長に対して清掃員に口頭で周知するように指示しただけで、事業年度の末日までに周知が済んだのかどうかの確認ができているかどうか判然としません。仮に、周知が済んだという証拠がない場合には、決算賞与をその事業年度の損金の額に算入することができないと考えます。

【参考】

令72の３

使用人が起こした交通事故の示談金

Q 50

Ａ社の営業社員が配達中に交通人身事故を起こしてしまいました。Ａ社は示談金として被害者に500万円を支払いましたが、この場合、Ａ社が負担した示談金の500万円は、どのように取り扱うべきでしょうか。

A

Ａ社の営業社員が配達中に起こした人身事故が故意又は重過失に基づくものでなければ、Ａ社が支払った示談金を単純損金とすることができます。

解　説

役員又は使用人がした行為等によって他人に与えた損害につき法人がその損害賠償金を支出した場合には、次のとおり取り扱われます（法基通９－７－16）。

イ　その損害賠償金の対象となった行為等が法人の業務の遂行に関連するものであり、かつ、故意又は重過失に基づかないものである場合は、その支出した損害賠償金の額は給与以外の損金の額に算入します。

ロ　その損害賠償金の対象となった行為等が、法人の業務の遂行に関連するものであるが故意又は重過失に基づくものである場合又は法人の業務の遂行に関連しないものである場合は、その支出した損害賠償金に相当する金額は当該役員又は使用人に対する債権とします。

また、法人が上記のロに該当する債権につき、その役員又は使用人の支払能力等からみて求償できない事情にあるため、その全部又は一部に相当する金額を貸倒れとして損金経理をした場合には、認められます。ただし、貸倒れ等とした金額のうちその役員又は使用人の支払能力等からみて回収が確実であると認められる部分の金額については、これをその役員又は使用人に対する給与とします（法基通9－7－17）。

さらに、自動車による人身事故に伴い、損害賠償金（上記ロの損害賠償金を除く。）として支出した金額は、示談の成立等による確定前においても、その支出の日の属する事業年度の損金の額に算入することができます（法基通9－7－18）。

お尋ねの場合、A社の営業社員が配達中に交通人身事故を起こしたということですから、故意又は重過失に基づくものでなければ、上記のイに該当しますので、単純損金とすることができます。

ただし、法人の業務の遂行に関連するものであるが故意又は重過失に基づくものである場合には、その支出した示談金は営業社員に対する債権とします。

そして、その営業社員の支払能力等からみて求償できない事情にあるため、その全部又は一部に相当する金額を貸倒れとして損金経理をした場合には、認められます。ただし、貸倒れ等とした金額のうちその営業社員の支払能力等からみて回収が確実であると認められる部分の金額については、これをその営業社員に対する給与とします。

【参考】

法基通9－7－16、9－7－17、9－7－18

第2節　格差補填

転籍に伴う給与等の格差補填

Ｃ社は、相当数の社員を子会社に出向させていますが、この度、Ｃ社の都合で出向者全員をその子会社に転籍させることにしました。

ただ、Ｃ社と子会社では給与規定が異なっていることから、出向から転籍になることにより、給与等に格差が生じることとなります。Ｃ社としては、転籍の条件として、転籍により給与等の絶対額が本人の不利益とならないよう取り扱うことにしていることから、次の案によりその格差を補填することを考えていますが、補填額を支出時の損金として差し支えないでしょうか。

イ　給与（年収）の格差について

転籍者とＣ社との間で、年収格差分をＣ社が転籍者本人に支給する内容の協定を結び、その補填金を各給与の支給時期に転籍者本人に支給する。

ロ　退職給与の格差について

転籍者が子会社を退職する際に、Ｃ社との在職年数を通算して退職給与を支給することとしていますが、退職給与の額が、Ｃ社の退職給与規定で計算した退職金の額を下回るときは、その差額をＣ社が転籍者本人に支給する。

いずれの場合も、格差が解消した場合は支給しないこととする。

A

いずれの場合も、支出時の損金として差し支えないと考えます。

解　説

イ　給与（年収）の格差について

使用人が転籍した場合には、転籍前法人との雇用関係は消滅するので、基本的には転籍前法人が給与の格差補填金を負担する理由はないものと考えられます。

しかしながら、お尋ねの場合は、転籍の理由が、転籍前法人であるC社の都合であり、また、我が国の労働慣行として転籍後の身分保証をするという考え方もあることから、給与格差の補填が転籍条件とされることも十分考えられることです。

したがって、転籍者と転籍前法人であるC社との間で転籍の条件として、転籍前法人であるC社が給与格差を補填する内容の協定を転籍者との間で締結した場合には、その条件に係る義務の履行であり、その実質は出向と同様であることから、転籍後法人に対する寄附金課税の問題は生じないものと考えます。

なお、この格差補填金の支給を受けた転籍者の課税関係については、転籍者と転籍前法人であるC社との関係は、実質的には出向と認められること、現在の勤務に基づき支給されるものであること及び補填金が転籍後の法人を経由して支給される場合には、給与所得に含まれることから、補填金は給与所得に該当するものとして取り扱われ（所基通35-７）、従たる給与として源泉課税を受けることとなります。

ロ　退職給与の格差について

転籍者の退職給与について、転籍前法人であるＣ社における在職年数を通算して支給することとしている場合には、その負担区分等に基づいて転籍前法人であるＣ社及び転籍後法人が転籍者に対し支給した退職給与の額は、それぞれの法人における退職給与として取り扱うこととされています（法基通９－２－52）。

この負担区分については、他の使用人に対する退職給与の支給状況や、それぞれの法人の在職期間等から判断することとなります。

転籍前法人であるＣ社が、格差補填金を含む退職給与を転籍者に支給したとしても、給与（年収）の格差補填と同様の理由から、退職給与の格差補填金を転籍前法人であるＣ社が負担することについて合理的な理由が存在するものと考えます。

【参考】

法基通９－２－52、所基通35－７

勤続年数の途中打切りに伴う退職給与の一部打切支給

Q52

D社では、現行の退職給与規程に定める年功加算率が高いことから、その退職給与規程に基づいて計算した退職金の要支給額の増加傾向が著しくなっています。

そこで、労働組合の了解も得て、現行の退職給与規程を改訂し、従来の勤続年数をいったん打ち切り、改訂時から改めて勤続年数を起算し直すことになりました。

退職給与規程の改訂に際し、旧規程で計算される退職金のうち2分の1部分の金額を今回打切支給し、残りの2分の1部分の金額は、新規程による退職金に上乗せして実際に退職する時に支給することになります。

この場合、改訂時における2分の1部分の金額の打切支給額は退職金として認められるでしょうか。

A

退職金とは認められないと考えます。

解　説

退職給与の打切支給は、特定の事由が発生した場合に、既往分の全部を打切支給する場合にのみ認められます。ご質問の場合は、打切り分の一部を支給して、残額を持越しする制度となっていますので、法人税基本通達９－２－35《退職給与の打切支給》で認められた要件に合致しません。

部分的な打切支給は退職給与とは認められませんので、賞与として取り扱うことになります。

【参考】

法基通９－２－35

第6章

寄附金

第1節　寄附金の意義

支援する政治家のパーティー券の購入費用

Q 53

Ｅ社は、〇〇党の政治家甲の後援会に入っています。

政治家甲が政治資金を集める目的で定期的にパーティーを開催していますので、Ｅ社からは出席しませんが、その都度10枚ずつ（合計30万円）パーティー券を購入しています。

このパーティー券の購入費用は、交際費となるのでしょうか。

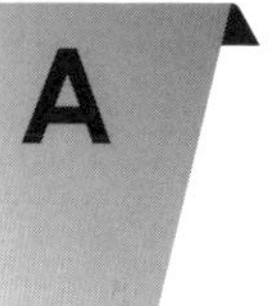

A

政治家甲に対する寄附金に該当します。

解　説

Ｅ社の社員などがパーティーに出席するのであれば、パーティー券の購入費用は交際費となると思われますが、パーティーに出席しないにもかかわらずパーティー券を購入するのは、主として政治家甲に対して政治資金を援助することが目的であると考えられます。

政治団体に対する拠金は、寄附金に該当します（措通61の４(1)-２）。お尋ねの政治家甲の主催するパーティー券の購入費用もこの取扱いを適用して、寄附金に該当するものと考えます。

【参考】

措通61の４(1)-２

第2節　子会社支援

子会社の経営権の譲渡に伴う債権放棄に係る税務上の取扱い

Q 54

Ａ社は、部品の製造・販売を目的として、米国法人であるＢ社との共同出資により、Ｃ社を設立しましたが、Ｃ社は部品の生産コストの回収ができず、債務超過の状態が長期間継続し、経営の危機に瀕しています。

そこで、同部品の製造から完全に撤退し、今後は付加価値の高い別の部品の製造・販売を行う会社として、ドイツ法人Ｄ社との合弁で新会社を設立し、Ｃ社の経営権をその新会社に譲渡させ、Ｃ社を解散させることとしました。

これに伴い、Ａ社及びＢ社はＣ社に対して有する貸付債権を放棄することとしました。

この場合、法人税基本通達９－４－１《子会社等を整理する場合の損失負担》の取扱いに基づき、Ａ社がＣ社に対して有していた貸付債権を放棄したことによる損失の額は、寄附金に該当しないものと解して差し支えないでしょうか。

寄附金に該当しないものと解して差し支えないと考えます。

解　説

法人がその子会社等の解散、経営権の譲渡等に伴いその子会社等のために債務の引受けその他の損失の負担をし、又はその子会社等に対する債権の放棄をした場合においても、そのことについて相当な理由があると認められるときは、その負担又は放棄をしたことにより生ずる損失の額は、寄附金の額に該当しないものとして取り扱われます（法基通９-４-１）。

お尋ねの場合には、債権放棄することに相当の理由があると認められるかどうかが問題となりますが、例えば以下のような場合には、相当の理由があると認められ、寄附金に該当しないとして取り扱うのが相当であるとされています。

Ｃ社の事業を今後も継続するとした場合には、Ａ社としても今後も追加の貸付けをせざるを得ず、その場合には、現在の損失以上の損失を被るおそれがあり、事業として継続することが困難であることから事業から撤退し、解散する場合。

Ｂ社から、Ｃ社は事業の好転が見込まれず、これ以上の追加融資或いは増資には応じられないとの申出があり、Ｃ社の事業からの徹退が予想されたため、Ａ社も撤退しない場合には、より大きな負担を強いられることになることが容易に想定される場合などです。

【参考】
法基通９-４-１

第7章

交際費等

工場内で死亡した下請先の従業員に対する見舞金を下請先を通して支払った場合

Q 55

B社は、工場内での製造作業の一部を下請業者に社内外注しており、下請業者の従業員が常時２名派遣されて、その作業に従事しています。

今回、製造作業中に事故があり、下請業者の作業員が死亡しましたので、B社はその作業員の遺族に対して見舞金を支払うことにしました。見舞金は、B社と下請業者が100万円ずつ出し合うことにしました。B社の見舞金は、社内規定を準用して算定されています。

この事故に関して、監督官庁の調査を受け、B社には一切責任がないという結果になりました。しかし、B社名で見舞金を出せば、後日遺族から損害賠償請求等の訴えが提起された場合、B社が責任を認めたから見舞金を出したのではないかと判断され、不利になると考え、見舞金は、B社が下請業者に100万円支払い、下請業者が合計額の200万円を下請業者名で遺族に支払うことを考えています。

この場合、B社が下請業者に支払った見舞金の額は、交際費等には該当しない費用として、損金の額に算入して差し支えないでしょうか。

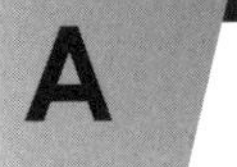

業務委託のために要する費用として、交際費等には該当しないと考えます。

解　説

下請先の作業員は、Ｂ社の工場内で製造作業に従事していて事故死した訳ですから、その見舞金がＢ社の従業員に対して支払われる見舞金に準じて支払われたものであり、下請業者との負担割合が合理的であれば、下請業者にいったん支出し、下請業者名で遺族に支払われた場合であっても、その実態は措置法通達61の４(1)-18の(1)《下請企業の従業員等のために支出する費用》に該当し、交際費等としなくて差し支えないものと考えます。

【参考】

措通61の４(1)-18

水増し工事を受注した場合の取扱い

Q 56

C社は、建設工事の請負業者ですが、あるジョイント・ベンチャーから水増し請求含みの工事の下請けをしました。本来は700万円程度の工事を1,000万円で請け負い、差額の300万円をジョイント・ベンチャーの幹事会社の監督にバックするという内容です。

しかし、C社では、その工事を直接行わず、次の下請業者に900万円で下ろし、次の下請け業者も更に次の末端の下請業者に800万円で下ろし、最終的には、その末端の下請業者が水増し分の300万円を監督にバックすることになりました。

末端の下請業者は、その300万円を使途不明金として自己否認した上で法人税の確定申告をしました。

ところで、C社から次の下請け業者、次の下請業者から末端の下請業者への支払は、それぞれの業者が外注費として処理していますが、税務上問題はないでしょうか。

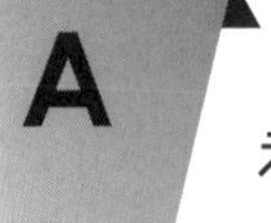

税務上、外注費として経理することには、問題があると考えます。

解　説

法人が材料費、労務費、外注費等として、これらの額を工事原価の額に含めている場合であっても、税務はその具体的な内容、即ち、支出目的又は支出形態によって判断し、法人の処理科目にかかわらず特別な取扱いをする場合があります。

例えば、法人が外注費として経理している場合であっても、その実質が交際費等に該当するのであれば、その金額を支出交際費等の額に含めて交際費等の損金不算入額の計算を行います。

ところで、Ｃ社がジョイント・ベンチャー（以下「ＪＶ」といいます。）から受注した工事額1,000万円は水増し工事額とのことであり、仮に、その工事額は700万円程度が相当であるとすれば、ＪＶはＡ社に対して高額発注したことになり、場合によっては、その差額の300万円は、ＪＶがＡ社に対して経済的な利益を供与したものとして取り扱われることになります。

このことは、Ｃ社と次の下請業者及び次の下請業者と末端の下請業者の間の取引についても同様です。

これらの一連の取引は全て外注費として経理処理されている訳ですから、その経理処理には税務上問題があると考えられます。

いずれにしましても、ご質問のような取引は正常な取引とは認められませんから、税務上、種々のトラブルの発生原因となり得ます。

したがって、正常な取引に基づく適正な経理処理をするよう留意する必要があると考えます。

会社の創立100周年記念品を元従業員にも贈呈する場合

Ｄ社は、本年10月に創立100周年を迎えることから、従業員と定年退職者で組織する「Ｄ社従業員の会」の会員及び関連会社や取引先の社員を対象に記念品を贈呈する予定です。

① 従業員（約10,000人）及び関連会社と取引先の社員（約20,000人）
シャープペンシルとボールペンのセット………購入単価3,000円

② 元従業員（約3,000人）
置時計……………………購入単価5,000円

※ 記念品には、Ａ社の100周年記念のロゴが刻まれています。

この場合、元従業員に対する記念品の贈呈は、従業員に対するものと同様に所得税基本通達36-22《課税しない経済的利益…創業記念品等》により課税対象とはならないと解して差し支えないでしょうか。

また、元従業員に贈呈する記念品の購入に要する費用は、その記念品が一律に支給されるものであり、かつ、その価額も少額ですから、租税特別措置法関係通達（法人税編）61の4⑴-10《福利厚生費と交際費等との区分》に掲げる費用に準じて交際費等に含まれないと解して差し支えないでしょうか。

いずれもご質問のとおり解して差し支えないと考えます。

なお、関連会社や取引先の社員に贈呈する記念品に要する費用は、交際費等に含まれます。

解　説

記念品に関する源泉所得税の取扱いは、使用者が役員又は使用人に対し創業記念、増資記念、工事完成記念又は合併記念等に際し、その記念として支給する記念品（現物に代えて支給する金銭は含まない。）で、次に掲げる要件のいずれにも該当するものについては、課税しなくて差し支えない。ただし、建築業者、造船業者等が請負工事又は造船の完成等に際し支給するものについては、この限りではない（所基通36-22）とされています。

⑴　その支給する記念品が社会通念上記念品としてふさわしいものであり、かつ、そのものの価額（処分見込価額により評価した価額）が１万円以下のものであること。

⑵　創業記念のように一定期間ごとに到来する記念に際し支給する記念品については、創業後相当な期間（おおむね５年以上の期間）ごとに支給するものであること。

元従業員にも一律に支給される創業記念品については、従業員と同様に取り扱うことが相当と考えられます。

一方、福利厚生費と交際費等の区分については、社内の行事に際して支出される金額等で次のようなものは交際費等に含まれないものとされます（措通61の４⑴-10）。

⑴　創立記念日、国民祝日、新社屋落成式等に際し従業員等におおむね一律に社内において供与される通常の飲食に要する費用

⑵　従業員等（従業員等であった者を含む。）又はその親族等の慶弔、禍福に際し一定の基準に従って支給される金品に要する費用

したがって、従業員や元従業員に対して贈呈する記念品の購入に要する費用は交際費等の額から除くことができると考えますが、関連会社や取引先の社員に贈呈する記念品に要する費用は、交際費等に含まれます。

【参考】

所基通36-22、措通61の４⑴-10

接待を受けるためのタクシー代

Ｑ58

Ｅ社の取引先が主催する懇親会にＥ社の役員や従業員を出席させるために利用するタクシーの乗車料金は、Ｅ社の業務遂行上必要な費用であり、接待、供応等のために支出するものではありませんから、交際費等以外の単純損金（旅費交通費）と処理して差し支えないでしょうか

懇親会の費用は全て取引先が負担します。タクシーは、Ｅ社から懇親会場までと、懇親会場から役員や従業員の自宅まで利用します。

Ａ

交際費等の額に含めないで差し支えないと考えます。

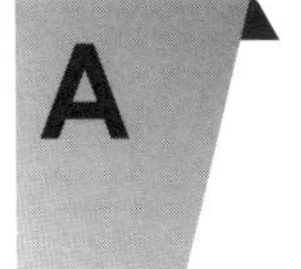

解　説

交際費等とは、交際費、接待費、機密費その他の費用で、法人が、その得意先、仕入先その他事業に関係のある者等に対する接待、供応、慰安、贈答その他これらに類する行為のために支出するものとされています（措法61の４④）。

ご質問の費用は、取引先が主催する懇親会に出席するための費用であり、「接待、供応、慰安、贈答その他これらに類する行為」をするのは得意先であって、Ｅ社ではありません。

ご質問の費用は、取引先が行う接待行為を受けるために支出するものであり、得意先等に対して自社が行う接待行為のために支出するものではありませんから、交際費等には該当しません。

なお、自社が懇親会等を主催する場合には、得意先を会場まで案内するために支出するタクシー代は、得意先に対して自社が行う接待のために支出するものですから、ご質問の場合と異なり、交際費等に該当することとなります（**Q72**「得意先を料亭まで送迎するタクシー代」参照）。

【参考】

措法61の４④

会社創立60周年記念パーティーで祝儀をもらった場合

Q 59

Ｆ社は、会社創立60周年を迎えるに当たり、社員、得意先や仕入れ先など総勢300人を招待してホテルで記念パーティーを開きました。ホテルからの請求は、記念品代を含めて1,000万円でしたが、招待客から600万円の祝儀をもらいましたので、Ｆ社の実負担額は400万円でした。

このような場合、Ｆ社の交際費の額は400万円として差し支えないでしょうか。

A

祝儀は支出する交際費の額とは相殺することができず、交際費は1,000万円とし、600万円の祝儀は別途雑収入に計上する必要があります。

解　説

交際費は、行為課税と呼ばれ、接待、供応、慰安、贈答という行為のために支出した費用をいいます（措法61の４④）。Ａ社が記念パーティーを開催するために要した費用の額は、ホテルから請求を受けた1,000万円ですから、この金額が交際費となります。

また、招待客から受け取った600万円の祝儀は、パーティーの開催費用と相殺することができずに、別途雑収入として益金の額に算入する必要があります。

ところで、他社と共催でパーティーを開催した場合ですが、その場合には、共催相手との分担額の割合に問題がない限り、自社の分担額だけが交際費になります。

また、会費制のパーティーを開催した場合ですが、会費は祝儀とは異なり、任意で支払われるものではなく、会費を支払うことがパーティー参加の条件なのですから、交際費を負担し合うことになるため、実負担額だけが交際費となります。

【参考】

措法61の４④、措通61の４(1)-15(1)

生徒募集の情報提供料

G社は、アスレチックジムを経営しています。

この度、新しいジムを隣町の駅前に開設するとになりましたが、新入会員を募集するに当たり、コンビニにポスターを掲出し新聞折込みも出しました。

それに加えて、現会員に知人を紹介してもらうことを目的として、紹介してもらった人が会員になった場合には、紹介してくれた現会員に3,000円のクオカードを進呈することにしました。このことは、ジムの壁にポスターを掲出するとともに、現会員にチラシを配付して周知しました。

現会員に進呈するクオカードの購入に要する費用は、交際費としなくて差支えないでしょうか。

あらかじめ周知された内容に基づき支払う情報提供料に該当しますので、交際費としなくて差支えないと考えます。

解　説

法人が取引に関する情報の提供等を行うことを業としていない者に対して情報提供等の対価として金品を交付した場合であっても、その金品の交付につき例えば、

イ　その金品の交付があらかじめ締結された契約に基づくものであること

ロ　提供を受ける役務の内容がその契約において具体的に明らかにされており、かつ、これに基づいて実際に役務の提供を受けていること

ハ　その交付した金品の価額がその提供を受けた役務の内容に照らし、相当と認められること

の全てを満たし、その金品の交付が正当な対価の支払であると認められる場合には、その交付に要した費用は交際費等に該当しないこととされています（措通61の４(1)-８）。

ご質問の場合は、あらかじめ現会員に新入会員紹介料を支払うことを周知しており、実際に紹介を受けた場合にクオカードを進呈するということで、クオカードの金額も高額であるとはいえませんので、交際費に該当しない支払として差し支えないものと考えます。

【参考】

措通61の４(1)-８

ライオンズクラブの会費等の取扱い

Q 61

Ｈ社の社長は、○○納税協会副会長の職に加えて、○○ライオンズクラブに入会することになりました。ライオンズクラブには、Ｈ社の代表として入会するわけではありますが、社長個人のステイタスにもなると喜んでいます。

ライオンズクラブの入会金と会費はＨ社が負担して差し支えないでしょうか。

社長の給与に加算することなく、Ｈ社が負担して構いませんが、交際費等として処理します。

解　説

ライオンズクラブやロータリークラブ、日本青年会議所（ＪＣ）という組織は、産業別の法人経営者や個人事業者などで組織され、社会連帯の高揚や社会奉仕を目的として活動しています。その一方で、会員相互の個人的な交流を深めるという側面も有しています。

そのうちライオンズクラブやロータリークラブの入会金や会費は、税務上、

イ　入会金や経常会費として負担した金額については、その支出をした日の属する事業年度の交際費の額に算入します。

ロ　イ以外に負担した金額については、その支出の目的に応じて寄附金又は交際費とされます。

ただし、会員である特定の役員又は使用人が負担すべきであると認められる場合には、その負担した金額に相当する金額は、その役員又は使用人に対する給与に該当します（法基通９－７－15の２）。

したがって、H社の社長が○○ライオンズクラブに入会する際に支払う入会金や通常の会費は、交際費として処理することになります。

ところで、ライオンズクラブやロータリークラブの会員の二世が多く参加する日本青年会議所（ＪＣ）に関しては、会費が割安であることと、会費の使途が交際費とされるような支出に充てられる部分が少ないという理由で、一律に交際費とされることなく、個々の青年会議所の事業内容に照らして、交際費以外で処理することが認められているようです。

【参考】

法基通９－７－15の２

協力（下請）会社親睦会の会費の取扱い

土木建築業を営むＩ社は、元請けであるゼネコンの㈱Ｋ組の下請業者で組織している「Ｋ組共栄会」に入会しています。

Ｋ組共栄会の会費は、毎月20,000円で、忘年会と夏の親睦旅行が主な活動内容です。夏の親睦旅行に際に、年間の決算報告がなされます。

このＫ組共栄会の会費は、行事に参加する役員に対する給与にすべきでしょうか。

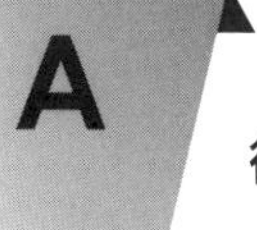

Ｉ社の事業遂行上必要な会費であると認められますので、役員に対する給与とはせず、交際費等に該当すると考えます。

解　説

法人が団体等に対する会費その他の経費を負担した場合であっても、その団体がもっぱら団体相互間の懇親のための会合を催す等のために組織されたと認められるものであるときは、その会費等の負担は交際費等の支出があったものとされます（措通61の４(1)-23(3)）。

ご質問のＫ組共栄会の活動内容は、忘年会と夏の親睦旅行ですから、会員相互間の懇親を目的として組織されたものであると考えられます。

また、Ｉ社の特定の役員がＫ組共栄会の行事に出席するとしても、その役員は、会員であるＩ社を代表して参加しているわけですから、その役員に対する給与とするのはふさわしくないと考えます。

以上のことから、ご質問の会費は、I社の交際費等に該当すると考えます。

【参考】
措通61の4(1)-23

談合金もどきの取扱い

Q 63

土木建築業を営むＪ社は、甲市が発注した震災復興の護岸工事を落札しました。入札の際、ライバルのＫ社がＪ社よりも高い金額で応札してもらう見返りに、Ｋ社に仕事を依頼しないにもかかわらず、Ｋ社に対して外注費の名目で100万円を支払いました。

Ｊ社は、Ｋ社に謝礼の意味で100万円を支払ったのですが、Ｋ社では100万円を雑収入に計上したと聞いています。

Ｊ社は、Ｋ社に仕事をしてもらってはいませんが、Ｋ社が100万円を収益に計上していますので、Ｊ社の交際費等としなくて差し支えないでしょうか。

Ｊ社のＫ社に対する100万円の支払は、談合金の性格を有するものですから、交際費等に該当します。

解　説

談合金とは、公共事業の入札の際に参加業者が談合して、あらかじめ落札する業者を決めておき、入札から下りることの見返りに授受される金員のことをいいます。

これは、民間同士の賄賂の受け渡しですから、交際費等の意義である接待、供応、慰安、贈答に該当します。

通達では、建設業者等が工事の入札等に際して支出するいわゆる談合金その他これに類する費用については、交際費等に該当することとされています（措通61の４(1)-15(10))。

Ｊ社がＫ社に支払った外注費は、その支払った理由を考えますと、いわゆる談合金に類する費用に該当すると判断されますので、交際費等に含まれます。

ところで、この100万円をＫ社が収益に計上している場合でありましても、支払側での交際費課税は、受け取る側が収益に計上しないことの代替課税ではありませんので、相手方の収益計上の有無にかかわらず、支払側において交際費等として課税されます。

また、Ｊ社がＫ社に対する外注費とするために、Ｋ社に虚偽の請求書などを作成させて保存していた場合などには、重加算税の対象となりますので注意が必要です。

【参考】

措通61の４(1)-15

ゴルフ場のレストランで飲食した場合の5,000円基準

Q 64

Ａ社では、得意先をゴルフで接待しますが、ゴルフ場のレストランで飲食した費用をゴルフのプレー代と切り離して、飲食費が１人当たり5,000円以下であれば、交際費とせずに少額飲食費として単純損金とすることは認められるでしょうか。

A

ゴルフで接待することに伴う飲食費用は、接待の主たる目的であるゴルフのプレーと切り離すことのできない接待行為の一環であると考えられますので、ゴルフ場のレストランで飲食した費用が5,000円以下であった場合でも、ゴルフのプレー代と切り離して少額飲食費として単純損金とすることは認められません。

解　説

飲食費であって、その飲食費として支出する金額をその飲食等に参加した者の数で除して計算した金額が5,000円以下の少額飲食費については、損金不算入となる交際費等の金額から除かれます（措法61の４④、措令37の５①）。

得意先などをゴルフで接待する場合にゴルフ場のレストランで飲食することは、通常、主目的であるゴルフによる接待を行うことに付随する接待行為の一環のものであると考えるべきです。

したがって、ゴルフ場のレストランで飲食することは、主目的であるゴルフのプレーと不可分のものであると考えられますので、ゴルフ場の

レストランでの飲食だけを切り離して、仮にその金額が5,000円以下であったとしても少額飲食費として交際費等の金額から除くことができる費用とすることはできません。

【参考】
措法61の４、措令37の５

ゴルフコンペの後で開催した懇親会の費用

Q 65

C社は、得意先や外注先の社員を対象としてゴルフコンペを開催しました。プレー後、ゴルフ場とは別のレストランで表彰式を兼ねた懇親会を開催しましたが、この懇親会の開催費用は、ゴルフコンペの開催費用と切り離して接待飲食費として構わないでしょうか。

ゴルフコンペの参加者全員に懇親会への参加を促し、出席は任意としていましたが、結果的には全員が参加しました。

A

懇親会が場所を変えて開催されており、参加は任意とするなど、ゴルフコンペと切り離して開催されたものと認められますので、懇親会の開催費用は接待飲食費に該当すると考えます。

解　説

ゴルフや観劇、旅行等の催事に際しての飲食等に要する費用については、通常、ゴルフや観劇、旅行等の催事を実施することを主たる目的とした行為の一環として飲食等が実施されるものであり、その飲食等は主たる目的である催事と一体不可分なものとしてそれらの催事に吸収される行為と考えられますので、飲食等が催事とは別に単独で行われていると認められる場合（例えば、企画した旅行の行程のすべてが終了して解散した後に、一部の取引先の者を誘って飲食等を行った場合など）を除き、ゴルフや観劇、旅行等の催事に際しての飲食等に要する費用は飲食費に該当しないこととなります（国税庁「接待飲食費に関するＦＡＱ」

Ｑ３）。

懇親会がゴルフコンペと別のものとして単独で開催されたのかどうかの判断が必要です。いったんゴルフ場で解散した後で、ゴルフ場とは別の場所で任意出席の形で懇親会を企画したわけですから、結果的に全員が参加した場合であっても、ゴルフコンペと切り離して考えることも可能であると思われます。

結果的に全員が参加したのであるから、ゴルフコンペとセットの催しであるとの考え方もできますが、会場を移したことと任意で参加を募ったこととの比較衡量をすれば、ゴルフコンペとセットの催しであると断定することもできないと思われます。

したがって、懇親会の開催費用は、ゴルフコンペの開催費用と切り離して接待飲食費とし、その半額を交際費等の額から除くことが認められると考えます。

【参考】

措法61の４

カラオケボックスでの接待と5,000円基準

Q 66

E社は得意先をカラオケボックスで接待します。カラオケボックスでは、カラオケを歌いますが飲食も行います。カラオケボックスで得意先の接待に要した費用も飲食費に該当するとして、１人当たりの費用が5,000円以下であれば、交際費等とせず、単純損金として差し支えないでしょうか。

A

参加者１人当たりの費用が5,000円以下の場合には、交際費等に該当しない飲食費として損金の額に算入することができると考えます。

解　説

一般的には、得意先の接待の一次会でカラオケボックスに行くことはありませんので、二次会ということだと思います。その場合、飲食よりもカラオケが主目的になるとも考えられますが、飲食なしにカラオケボックスに入店することはないとも考えられます。そうであれば、接待飲食費ではないと言い切ることはできません。

したがって、カラオケボックスで支払った金額が参加者１人当たり5,000円以下であった場合には、少額飲食費として交際費等の金額には算入せず、単純損金とすることができると考えます。

【参考】

措法61の４

消費税の経理方法と5,000円基準

Q 67

1人当たり5,000円以下の飲食費は交際費等の範囲から除かれ、単純損金とすることができますが、1人当たり5,000円以下かどうかを判断する場合、消費税等の経理処理において税込経理方法によっているJ社の場合、消費税等を除いた本体価格だけで判断して差し支えないでしょうか。

A

J社が適用している税込みの支出金額を参加人数で除して計算した金額で判断します。J社の場合は、消費税等を除いた本体価格だけで判断することは認められません。

解　説

1人当たり5,000円以下の飲食費は交際費等の範囲から除かれ、単純損金とすることができますが、1人当たり5,000円以下かどうかは、法人が支出する飲食費の額を参加人数で除して計算します（措令37の5①）。

法人が支出した交際費等に係る消費税の額は、交際費等の額に含まれるのが原則です。ただし、法人が消費税等の経理処理について税抜経理方式を適用している場合には、交際費等に係る消費税額等のうち控除対象消費税額等に相当する金額は交際費等の額には含まれません（平成元年直法2－1、平9課法2－1「12」）。

このことは、この飲食費の費用についても同様に取り扱われます。飲食費の額に消費税等の額が含まれるかどうかは、法人が消費税等の経理

処理について税抜経理方式又は税込経理方式のいずれの方法を採っているかに応じ、その適用している方式により判定します。

J社は消費税等の経理処理について税込経理方式によっているわけですから、飲食費の税込みの支出金額を参加人数で除して計算した金額で5,000円以下かどうかを判断します。消費税等を除いた本体価格だけで判断することは認められません。

【参考】

措令37の５、平元直法２－１、平９課法２－１

二次会に行った場合の5,000円基準

Q 68

A社は、得意先数社の担当者を飲食で接待しましたが、そのままの人数で、近くのスナックに移動して二次会を行いました、この場合、飲食費の1人当たり5,000円以下であるかどうかは、二次会の費用も含めて計算するのでしょうか。

A

一次会と二次会とが別個の催しであると認められる場合には、一次会と二次会を別々に判定して差し支えありません。

解　説

飲食費であって、その飲食費として支出する金額をその飲食等に参加した者の数で除して計算した金額が5,000円以下の費用については、損金不算入となる交際費等の金額から除かれます（措法61の4④、措令37の5①）。

この制度の適用を受けるためには、その要件に該当する飲食費であることについて、次の内容が記載された帳簿や書類が保存されていることが要件とされています。

① 飲食等があった年月日
② 飲食等に参加した得意先、仕入先その他事業に関係のある者等の氏名又は名称及びその関係
③ 飲食に参加した者の数
④ 飲食費の額並びにその飲食店、料理店等の名称及びその所在地

⑤　その他飲食費であることを明らかにするために必要な事項

飲食による接待が、一次会、二次会と連続して実施された場合であっても、それぞれが別々のものであると認められる場合には、それぞれの店の上記①から⑤までを記載した書類を保存することができるわけですから、それぞれの会ごとに１人当たり5,000円以下であるかどうかを判定して差し支えないものと考えます。

ただ、二次会があらかじめセットされている場合などは、総額で１人当たり5,000円以下かどうかを判定すべきであると考えます。

【参考】

措法61の４、措令37の５

会費制で参加する懇親会の5,000円基準

D社の代表者は、Ｂ社の下請業者で組織する会の新年会に参加することになりました。出席する各社は、会費の5,000円に出席人数を乗じた金額を会費として主催者に支払います。

この場合、D社は自社の出席者分の会費だけを負担することになりますが、このような場合であっても、D社の出席者の会費が１人当たり5,000円以下であれば、少額飲食費として交際費等の金額から除いて差支えないでしょうか。

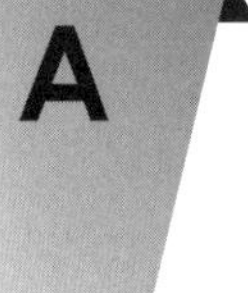

下請業者で組織する会の新年会ということで、事業者同士の懇親を目的とする会合であり、１人当たり5,000円以下ですから、交際費等の金額から除いて差支えないと考えます。

解　説

お尋ねのＢ社の下請業者で組織する会の新年会は、事業の関係がある他社の人たちとの親睦を目的とした懇親会であると思われますので、D社から複数名が参加し、その人数分の会費だけを支払うとしても、社内飲食費に該当するとは考えられません（措通61の４(1)-23注）。

したがって、参加費用が１人当たり5,000円以下の場合は、少額飲食費として交際費等に含めずに単純損金とすることができます。

【参考】

措通61の４(1)-23

接待飲食費の50％損金算入制度と少額飲食費の5,000円基準の関係

Q 70

X社は、接待飲食費のうち参加者１人当たりの金額が5,000円以下のものは少額飲食費として交際費以外の単純損金とし、5,000円を超えるものについては、接待飲食費の50％損金算入制度を使おうと考えていますが、このような併用は認められるでしょうか。

A

接待飲食費の50％損金算入制度と少額飲食費の5,000円損金算入の制度は併用することができますが、中小法人が接待飲食費の50％損金算入制度を適用した場合には、中小法人の年800万円の定額控除限度額制度を適用することができなくなるので注意が必要です。

解　説

１人当たり5,000円以下の飲食費（少額飲食費）は、交際費等の額から除かれます（措法61の４④二、措令37の５①)。つまり、租税特別措置法の規定で交際の範囲から除かれ、損金不算入の対象とはされません。

一方、法人が支出する交際費等の額で接待飲食費（交際費等のうち飲食その他これに類する行為のために要する費用（措法61の４④)）に該当する金額の50％は損金不算入とされます（措法61の４①)。

つまり、少額飲食費は税法上は交際費等に該当しないのに対して、接待飲食費は交際費等に該当し、損金不算入の適用対象となるということです。

したがって、１人当たり5,000円以下の少額飲食費を単純損金とし、

5,000円を超える接待飲食費の50％相当額を損金の額に算入する併用は認められます。

ただ、資本金額又は出資金の額が１億円以下の中小法人が接待飲食費の50％相当額を損金の額に算入する場合には、中小法人の年800万円の交際費等の損金算入の定額控除限度額を使うことができないので、注意が必要です。

なお、中小法人は、接待飲食費の50％相当額の損金算入制度を適用するのか、年800万円の交際費等の損金算入の定額控除限度額制度を適用するのかは、事業年度ごとに選択することができます（措法61の4①②）。

どちらの制度を選択したのかは、法人税確定申告書別表15≪交際費等の損金算入に関する明細書≫の「4」欄≪損金算入限度額≫で意思表示することになります。

【参考】

措法61の４、措令37の５

接待飲食費の50%損金算入制度と年800万円定額控除限度額の関係

Q 71

Z社は、接待飲食費の額の50%を接待飲食費の損金算入制度を利用して損金の額に算入し、50%を超える残額を交際費等として、中小法人等の交際費等の年800万円の定額控除限度額を使って損金の額に算入することを考えています。このように二つの制度を併用することは認められるでしょうか。

A

接待飲食費の額の50%の損金算入制度を利用する場合には、中小法人等の交際費等の年800万円の定額控除限度額を使うことは認められません。

解　説

法人が平成26年４月１日から令和４年３月31日までの間に開始する各事業年度において支出する交際費等の額（資本金等の額が100億円以下である法人については、その交際費等の金額のうち接待飲食費の額の50%相当額を超える部分の金額）は、その事業年度の所得の金額の計算上、損金の額に算入しない（措法61の４①）と規定され、接待飲食費の額の50%は損金の額に算入することができます。

一方、その事業年度終了の時における資本金の額又は出資金の額が１億円以下である中小法人は、支出する交際費等の額が年800万円（定額控除限度額）以下である場合には、その支出金額が損金の額に算入されます（措法61の４②）。

中小法人の定額控除限度額は、確定申告書等、修正申告書又は更正の請求書に定額控除限度額の計算に関する明細書の添付がある場合に限り適用されます（措法61の４⑤）。

以上のことから、中小法人の場合は、接待飲食費の50％相当額の損金算入と年800万円の定額控除限度額の損金算入制度のいずれかを事業年度ごとに選択することができます（措法61の４①②、国税庁「接待飲食費に関するＦＡＱ」のＱ８）。

どちらの制度を選択したのかは、法人税確定申告書別表15≪交際費等の損金算入に関する明細書≫の「4」欄≪損金算入限度額≫で意思表示することになります。

【参考】

措法61の４

得意先を料亭まで送迎するタクシー代

Ａ社では、得意先を料亭で接待する場合に、送迎用のタクシー代も負担しています。このタクシー代は、料亭での飲食に付随して支出するものですから、接待飲食費の額に算入して50%相当額を損金の額に算入することができるでしょうか。

接待に関連して支出した費用として交際費等に該当しますが、接待飲食費には含まれません。

解　説

交際費等とは、交際費、接待費、機密費、その他の費用で法人がその得意先等に対する接待、供応、慰安、贈答その他これらに類する行為のために支出するものを言います（措法61の４④）から、交際、接待等の行為に付随して支出する費用も交際費等に含まれます。

この場合の付随費用とは、交際、接待等の行為がなければ支出されなかったであろう費用、すなわち、その行為をするために追加的に支出する費用をいいます。

お尋ねのタクシー代は、得意先を料亭で接待したことにより生じた費用ですから、交際、接待等に付随する費用として交際費等に該当すると考えます。

次に、交際費等のうち接待飲食費に該当するかどうかですが、接待等を行う飲食店等へ得意先等を送迎するために支出する送迎費については、本来、接待、供応に当たる飲食等を目的とした送迎という行為のために要する費用として支出したものであり、その送迎費は飲食費に該当しないこととなります（国税庁「接待飲食費に関するＦＡＱ」のＱ３）。

したがって、料亭に支払った飲食費用は接待飲食費に該当して50％相当額を損金の額に算入することができますが、タクシー代は接待飲食費以外の交際費等に該当し、50％を損金の額に算入することはできません。

【参考】

措法61の４

株主優待券の交付費用等

レストランを運営するB社は株主に対して持ち株数に応じた株主優待券(無料食事券)を交付していますが、株主が株主優待券を利用してB社のレストランを無料で利用した場合の処理はどうすれば良いでしょうか。

A

売上原価相当額を交際費等の額とします。

解　説

株主優待券に要する費用は、株主に対する配当であるとも考えられますが、所得税基本通達24-２《配当等に含まれないもの》には、法人が株主等に対してその株主等である地位に基づいて供与した経済的利益であっても、法人の利益の有無にかかわらず供与することとしている…ものは、法人が剰余金又は利益の処分として取り扱わない限り、配当等には含まれないものとすると規定されています。

この通達では、

イ　旅客運送業を営む法人が自己の交通機関を利用させるために交付する株主優待乗車券等

ロ　映画、演劇等の興行業を営む法人が自己の興行場等において上映する映画の観賞等をさせるために交付する株主優待入場券等

ハ　ホテル、旅館業等を営む法人が自己の施設を利用させるために交

付する株主優待施設利用券等

ニ　法人が自己の製品等の値引き販売を行うことにより供与する利益

ホ　法人が創業記念、増資記念等に際して交付する記念品

が例示として示されています。

法人側では、株主が優待券を利用することにより株主に利益を供与したときに交際費等の支出があったものとされます。

この場合の交際費等の金額は、売上原価相当額となりますが、減価償却費相当額は差し引きます（平25.10.1裁決）。

【参考】

所基通24-2

第8章

圧縮記帳

第1節　交換資産の圧縮記帳

収用される土地の収益計上が買取りの申出から6か月経過した場合

Q 74

Z社が所有する倉庫用の土地が市に収用されることになり、令和3年2月20日に最初の買取りの申出があり、同年3月18日に土地の売買契約をしました。

土地の売買契約の内容は、①土地の所有権は契約の締結と同時に市に移転する。②所有権の移転登記は契約締結後速やかに行う。③Z社は所有権移転登記に必要な書類を契約締結後速やかに市に提出する。④売買代金は所有権移転登記の後30日以内に一括で支払う。⑤土地の上に存する建物をZ社が令和3年8月31日までに取り壊した時点で土地の引渡しがあったものとする。とされています。

収用等の事業のために資産を譲渡した場合において、その譲渡が公共事業施行者から最初の買取りの申出があった日から6か月以内になされなかったときには、5,000万円の特別控除の適用は認められませんが、このように譲渡契約だけを6か月以内に締結し、6か月経過後に引き渡した場合でも、5,000万円の特別控除の適用は認められるでしょうか。

令和3年

2/20	3/18	4/10	8/18	8/30	8/31
買取り申出	売買契約締結	売却代金入金	建物撤去	引渡し収益計上	事業年度末日

5,000万円の特別控除の適用は認められると考えます。

解　説

租税特別措置法第65条の２《収用換地等の場合の所得の特別控除》第３項第１号は、「資産の収用換地等による譲渡が、当該資産の買取り等の申出をする者から当該資産につき最初に当該申出のあった日から６か月を経過した日までにされなかった場合には適用しない。」と規定されています。

この規定は、いわゆる売る側のごね得を排除して、収用事業を円滑に促進するために設けられた規定ですから、最初に買取等の申出があった日から６か月を経過した日までに売買契約を締結している場合は、物件の引渡しの時期が最初の買取り等の申出があった日から６か月を経過した後であったとしても、既に公共事業用地の早期における円滑な取得は実現しているわけですから、法人税の取扱いにおいては、引渡しの日と収益計上の日が同日でなくても差し支えないと取り扱われているようです。

したがって、最初に買取等の申出のあった日から６か月以内に契約が行われていれば、６か月を経過した後に土地を引き渡し、その日の属する事業年度で5,000万円の特別控除を適用したとしても、認められるものと考えます。

【参考】

措法65の２③

交換の相手方が交換により取得した土地を他に譲渡する場合の圧縮記帳の適用の可否

A社が社宅用地として平成５年に取得して保有している宅地と、Ｂ社が駐車場用地として平成10年に取得して保有している宅地がありますが、これらの宅地の時価がほぼ同額であることから、両社はこれらの宅地を等価交換することにしました。

Ａ社は、この交換で取得する土地を新しい社宅の敷地として利用する予定ですが、Ｂ社は、この交換で取得する土地を市のコミュニティセンター用地として譲渡する予定であると聞きました。

このように、交換の相手方が交換で取得する土地を他に譲渡することが予定されているような場合であっても、Ａ社は交換で取得する土地について法人税法第50条《交換資産の圧縮記帳》による圧縮記帳を適用することが認められるでしょうか。

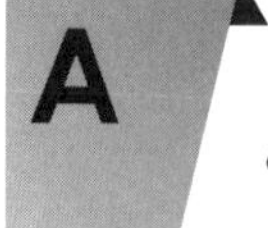

法人税法第50条の規定による圧縮記帳の適用が認められると考えます。

解　説

法人税法第50条の規定の適用を受ける場合には、交換取得資産を交換譲渡資産と同一の用途に供することが要件の一つとされています。

この同一用途供与の要件は、法人税法第50条の規定の適用を受けようとする法人が交換で取得した資産について定められたものであり、その交換の相手方が交換で取得した資産を交換で譲渡した資産と同一の用途に供するかどうかは関係がありませんので、他の要件を満たす限り、Ａ社が交換で取得する土地を圧縮記帳することが認められると考えます。

【参考】

法50、法基通10－６－７

借地権と底地を交換する際に支出する建物の取壊し費用の取扱い

C社は、借地の上に建物を所有していますが、C社が所有する借地権の一部と地主が所有する底地の一部を等価交換し、共有とした土地の上にC社と地主が共同で新たに一つの建物を建設して、敷地の所有割合に従って新しい建物の建設費を負担するとともに、その割合に従って建物を区分所有することとしました。

その際、旧建物はC社の負担で取り壊すことが条件となっています。

このような場合に、旧建物の取壊しに要する費用は、どのように処理すべきでしょうか。

① 費用の全てを一時の損金とする。

② 交換に伴う譲渡費用として、圧縮記帳の計算に含める。

③ 新しく取得する建物の取得価額に算入する。

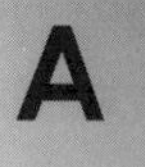

旧建物の取壊しに要する費用の額のうち、借地の総面積のうち、底地との交換のために譲渡される面積の占める割合に相当する部分の金額は、借地権の交換による譲渡費用として、交換資産の圧縮限度額を計算します。

なお、旧建物の取壊しに要する費用の額のうち、交換による譲渡に要する経費の額とした部分の金額以外の金額については、その支払うべき時の損金とします。

解　説

自己が所有している土地等の上に存する建物等を取り壊して新しい建物等を建設する場合の、旧建物等の取壊し損失や旧建物の賃借人に支払う立退料等の費用は、旧建物が建つ土地等の利用価値を回復するための費用として、その支払うべき時の損金の額に算入すべきものと解されます。

しかし、土地等の交換の条件として、交換により譲渡される土地等の上に存する建物等を取り壊す場合に、その取壊しによって生じる損失については、特定資産の買換えの特例による圧縮記帳（措法65の７）の場合と同様に、交換に伴う圧縮限度額の計算においても、譲渡に要した費用として処理すべきもの（法基通10-６-９）と考えます。

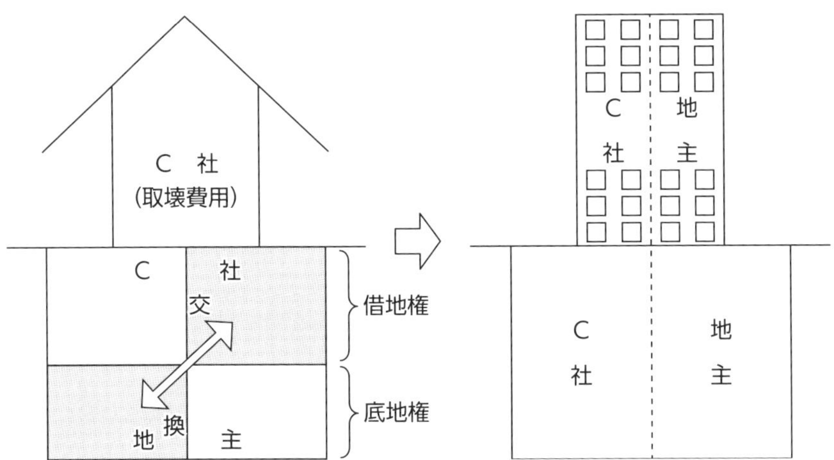

【参考】

法50、令92、法基通10-６-９、措通65の７(3)-６

借地権と底地を交換した場合の圧縮記帳の適用

D社は、E社所有の土地を賃借していましたが、賃貸借期間の満了を迎えたことで、E社から立退要求を受け、紛争となっていました。

この度、両者で次のように和解が成立しました。

D社は、借地の一部（この部分の借地権利金の価額を3,000万円と評価しました。）をE社に返還し、E社は、借地の残りの部分の土地（この部分の底地の価額を2,800万円と評価しました。）の所有権をD社に与える。

これに伴い、差金としてE社はD社に対して200万円を支払う。

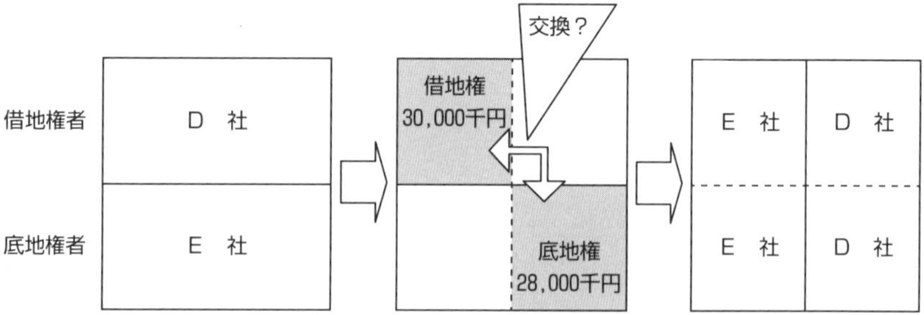

D社では、この取引について、法人税法第50条《交換により取得した資産の圧縮額の損金算入》の規定による圧縮記帳制度の適用を受けたいと考えていますが、認められるでしょうか。

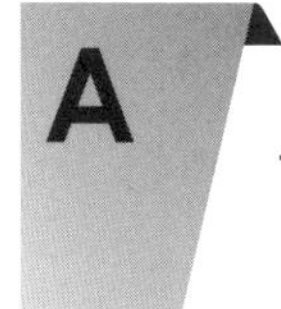

交換資産の圧縮記帳制度を適用することができると考えます。

解　説

法人税法第50条の規定による圧縮記帳の対象となる土地の範囲には、土地のほか、建物又は構築物の所有を目的とする地上権及び賃借権（借地権）が含まれています（法50①一）。

借地権者が地主（底地権者）に借地権を返還し、その対価として地主（底地権者）からその借地権に係る土地の一部を取得した場合には、借地権のうち取得した土地に係る部分以外の部分と、取得した土地のうち底地部分とを交換したものとして法人税法第50条の規定を適用することができます（法基通10－６－３の２）。

したがって、照会の場合は、借地権及び底地権の評価額が適正であると認められる限り、交換差金が交換譲渡資産である借地の一部の借地権利金の価額の100分の20以下の金額であることから、同条により圧縮記帳を適用することができると考えます。

【参考】
法50、法基通10－６－３の２

第2節　特定資産の買換えによる圧縮記帳

保険差益の圧縮記帳と特定資産の買換えによる圧縮記帳の同時適用

Q 78

　Ｆ社では、建物が火災に遭い保険会社から保険金を受け取りましたが、これとは別に10年を超えて所有していた土地を譲渡して対価を得ました。Ｆ社はこれらの資金を使って新たに一棟の建物を建築しました。その建物の取得価額の一部を法人税法第47条第１項《保険金等で取得した固定資産等の圧縮額の損金算入》に規定する代替資産（以下「代替資産」といいます。）の取得価額とし、残りの部分を租税特別措置法第65条の７第１項《特定の資産の買換えの場合の課税の特例》に規定する買換資産（以下「買換資産」といいます。）の取得価額として、一の取得資産である建物について、保険差益の圧縮記帳と特定の資産の買換えによる圧縮記帳とを同時に適用することは認められるでしょうか。

　なお、それぞれの圧縮記帳制度を適用する上での他の要件は満たしています。

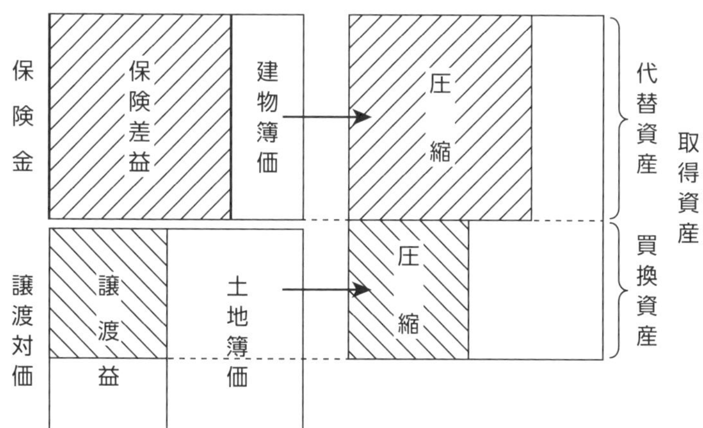

A

差支えないと考えます。

解　説

現行法上は、同一資産について、法人税法第47条の圧縮記帳制度と租税特別措置法第65条の７の圧縮記帳制度の重複適用を排除する規定は定められていません。したがって、取得した資産が、法人税法第47条の代替資産及び租税特別措置法第65条の７の買換資産のいずれにも該当するものである限り、その取得価額を区分して、それぞれについて別の圧縮記帳制度の対象にすることが認められるものと考えます。

【参考】

法47、措法65の７

第9章

引当金

第1節　貸倒引当金

一括評価金銭債権に係る貸倒引当金の繰入限度額の計算を修正申告において法定繰入率から貸倒実績率に変更することは認められるか

Q79

中小企業者等であるＧ社は、法人税の確定申告の際、一括評価金銭債権に係る貸倒引当金の繰入限度額を租税特別措置法第57条の９及び同法施行令第33条の７《中小企業者等の貸倒引当金の特例》に規定する法定繰入率によって算出して申告しました。

その後、税務調査で所得金額が増加したため、修正申告書を提出することになりましたが、その際、貸倒引当金の対象となる貸金額の増加とともに、繰入限度額の計算を法人税法施行令第96条《貸倒引当金勘定への繰入れ限度額》に規定する貸倒実績率による計算に変更したいと考えていますが、認められるでしょうか。

なお、Ｇ社は法人税の確定申告において、貸倒引当金繰入限度超過額があり所得加算していますが、修正申告する場合に、貸倒実績率で計算した繰入限度額が法定繰入率で計算した繰入限度額を上回ることが判明しました。

認められないと考えます。

解　説

一括評価金銭債権に係る貸倒引当金の繰入限度超過額が過大であったことについて、修正申告で当初選択した方法（法定繰入率による計算）と異なった方法（貸倒実績率による計算）で是正計算をすることが許されるかどうかについて、明確な規定はありません。

しかし、法律の規定振りからみれば、損金の額に算入される貸倒引当金の額は、確定申告書への記載を要件としており（法52③）、いずれの繰入率によるかは、法人の選択に委ねられています。

また、繰入限度額は、法人税法施行令第96条で規定される貸倒実績率により計算することを原則として、中小企業者等に限り租税特別措置法第57条の９で規定された法定繰入率を選択することが認められているわけですから、確定申告で特例を選択したにもかかわらず、修正申告で、確定申告で選択適用した特例方法と異なる方法によって、繰入限度額の計算をすることは、認められないと解されます。

【参考】

法52、令96、措法57の９、措令33の７

第2節　金銭債権

ゴルフ会員権が金銭債権に転換する時期

Q 80

Ａ社はゴルフ場の法人会員権を所有していますが、そのゴルフ場の経営会社が破産の申立てを行い、破産手続開始の決定がありました。

Ａ社では、この会員権の帳簿価額額について貸倒引当金を設定することを考えていますが、ゴルフ場施設は裁判所の許可を受けて当分の間営業することになりそうです。このような場合に、Ａ社が所有するゴルフ会員権は、いつの時点で金銭債権に転換し貸倒引当金の設定対象となるのでしょうか。

A

原則として、破産手続開始の決定があった時点で、ゴルフ会員権は実質的に金銭債権に転換すると考えられます。

解　説

ゴルフ場経営会社に対して破産手続開始の決定があった場合は、通常、財産保全の一環として施設は閉鎖され、会員は、破産債権として届け出た預託金債権の範囲内で配当を受けることになります。

ご質問のように、裁判所の許可を受けて当分の間営業することになる場合であっても、破産手続は清算型の倒産処理手続であり、事業の廃止を前提としていることからすれば、破産手続開始の決定があった時点でゴルフ会員権は実質的に金銭債権に転換すると解して差し支えないと考えます。

なお、破産手続と同様に清算型の倒産処理手続である会社法の規定による特別清算手続において、ゴルフ場経営会社に特別清算の開始決定があった場合も、その決定があった時点でゴルフ会員権は実質的に金銭債権に転換すると考えられます。

一方、再建型の処理手続である会社更生法の規定による更生手続や民事再生法の規定による再生手続において、ゴルフ場経営会社に更生手続開始の決定や再生手続開始の決定があったことをもって、ゴルフ会員権が金銭債権に転換すると解することはできないと考えられますので注意が必要です。

【参考】

法52、令96、破産法30、会社法510、会社更生法41、民事再生法33、法基通9－7－12（注）

第10章 借地権

第1節　借地権の取得価額

借地権の取得価額（仲介手数料）

Q 81

B社は、他の法人（B社と特別な関係はありません。）が所有する土地を相当の地代をやり取りすることで賃借し、その土地の上にビルを建築することを計画しています。

B社は、この土地を賃借する際に、不動産仲介会社に仲介手数料を支払いましたが、この仲介手数料の額が建物の取得価額の10%以下であることから、法人税基本通達7－3－8《借地権の取得価額》の（1）の趣旨から判断して、建物の取得価額に算入して減価償却したいと考えていますが、認められるでしょうか。

なお、仲介手数料は7,000万円で、地主に支払う相当の地代は月額1,800万円。ビルの建築費用は25億円で、土地の更地価額（時価）は約54億円で、借地権割合は80%です。

借地権の取得価額に算入すべきであると考えます。

解　説

法人税基本通達7－3－8では、借地権の取得価額には、借地権の対価として土地所有者等に支払う権利金のほか、借地契約に当たり支出した手数料その他の費用の額も含まれることとされています。

法人税基本通達７－３－８の本文のただし書きは、「土地の上に存する建物等を取得した場合におけるその建物等の購入対価のうち借地権の対価と認められる部分の金額が建物等の購入対価のおおむね10％以下の金額であるときは、強いてこれを区分しないで建物等の取得価額に含めることができる。」としていますが、その適用があるのは事実上、借地権付マンション等を取得した場合に限られるものと思われます。

その借地権が準共有関係にあり、かつ、少額である場合には、購入者において借地権を取得したという認識が希薄であることから、強いて区分しなくても良いという考えであると想定されます。

ご質問の取引は、法人税基本通達７－３－８の本文のただし書きに該当するとはいえず、かつ、Ｂ社は7,000万円という多額の仲介料を支出していますので、通達のただし書きの適用はないと考えます。したがって、借地権の取得価額に算入すべきであると考えます。

【参考】

法基通７－３－８

第2節　借地権の無償返還と相当の地代

借地権の無償返還と相当の地代の経理処理

Q 82

ゴルフ用品のメーカーであるＣ社は、ゴルフ練習場の運営業者が所有する土地を借り上げて、ゴルフ練習場の施設を建設し、同社と専属代理店契約を締結して、ゴルフ練習場の施設を同社に賃貸しています。

今までは、両社間で地代及び施設の賃貸料を現実にやり取りしていましたが、今回契約を改め、地代の額は常に相続税評価額による更地価額の年６％相当額を維持することとし、Ｃ社が受け取るべき施設の賃貸料の額のうち、Ｃ社が支払うべき地代相当額については相殺し、その部分の金銭のやり取りをしないこととしました。

その結果、Ｃ社では、今後は相殺される支払地代と受取家賃の経理はしないこととしたいのですが、問題ないでしょうか。また、法人税基本通達13-１-８《相当の地代の改訂》の届出は、必要ないでしょうか。

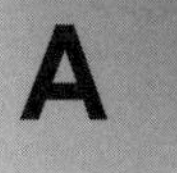

A

相殺される支払地代と受取家賃の経理はしないこととし、相当の地代の改訂の届出も提出しなくて差支えないと考えます。

解　説

ご質問の場合は、実際にＣ社が受け取るゴルフ練習場施設の賃貸料がそのゴルフ練習場施設の賃貸料として相当な金額である限り、Ｃ社が支払うべき地代と受け取るべき施設の賃貸料とは常に相殺関係にありますから、経理しなくても問題ないものと考えます。

ただ、消費税法上は、支払地代は非課税取引に該当し、ゴルフ練習場施設の賃貸料は課税取引に該当しますので、留意する必要があります。

また、ご質問の賃貸借取引は、法人税基本通達13-１-５《通常権利金を授受しない土地の使用》の「その土地の使用が通常権利金の授受を伴わないもの」に該当すると考えられますので、相当地代の改訂の届出をしなくても、権利金及び地代を認定されることはないと考えます。

【参考】

法基通13-１-２、13-１-５、13-１-８、平元直法２-２（平３課法２-４改正）《法人税の借地権課税における相当の地代の取扱いについて》

土地の使用の対価として相当の地代である「おおむね６％程度」は何%か？

Q83

　Ｄ社は、代表者が所有する土地の上に社屋を建築し事業の用に供しています。Ｄ社と地主である代表者の間では、借地権利金相当額の授受をすることなく、土地の更地価額に照らして使用の対価として相当の地代を授受することで、権利金の認定課税を受けないこととしています。

　そこで、地代を算定するにあたり、法人税基本通達13-１-２《使用の対価としての相当の地代》及び平成元年３月30日付直法２-２《法人税の借地権課税における相当の地代の取扱いについて》に従って、この土地の相続税評価額の過去３年平均額の「おおむね６％程度」とすることになりましたが、この「おおむね６％程度」とは、具体的に何%であれば良いのでしょうか。

A

　数年ごとに地代を改訂し、その都度この土地の相続税評価額の過去３年平均額の６％をフォローしておれば、問題ないと考えます。

解　説

　一般に、土地所有者が借地権の設定等により他人に土地を使用させる場合には、借地権の設定の対価として相応の借地権利金を授受する取引慣行が存在します。

　法人税法でも、借地権の設定に当たっては、相応の借地権利金を授受することが正常な取引条件であるとの考えで、仮に関係会社間や同族会社とその代表者との間など特殊な関係にある者同士の借地権の設定に際して、借地権利金の授受が行われなかった場合には、原則として、当事者間で借地権利金相当額の贈与があったものとして課税関係を構築します。つまり、法人が借地人である場合には、借地権価額相当額の受贈益があったものと認定されます。

ただ、一律に借地権利金の認定課税を行うことが必ずしも経済実体に即していない場合も考えられることから、法人税法施行令第137条《土地の使用に伴う対価についての所得計算》で、借地権利金の授受に代えて、その土地の時価に照らして使用の対価として相当の地代を授受することとしている場合には、その取引は正常な取引条件でなされたものとして、借地権利金の認定課税を行わないことを規定しています。

法人税基本通達13-１-２は、このような場合の土地の使用の対価としての「相当の地代」の意義を定めており、法人がその土地の更地価額（時価）のおおむね８％程度の地代を授受している場合には、法人税法施行令第137条にいう「相当の地代」に該当するということです。

ただ、バブル期の土地価額の急激な上昇を受けて、この通達に関して、平成元年３月30日付直法２-２が発遣され、その土地の更地価額（時価）は、「財産評価基本通達第２章の例により計算した価額又は当該価額の過去３年間の平均額」と、おおむね８％程度は、「おおむね６％程度」と読み替えて当分の間は適用されることとなり、今日に至っています。

そこで、「おおむね６％程度」の意味ですが、我が国では土地の価額は常に値上がりしていくという考えでいろいろなことが定められており、地代も土地の価額の値上がりに従って随時改訂されるものと考えられています。例えば、地代契約を３年ごとに改訂していくとした場合に、改訂の都度、相続税評価額の過去３年間の平均額の６％相当額に改訂し続けることが、ここで言う「おおむね６％程度」の意味であると考えます。

○相当地代のグラフ

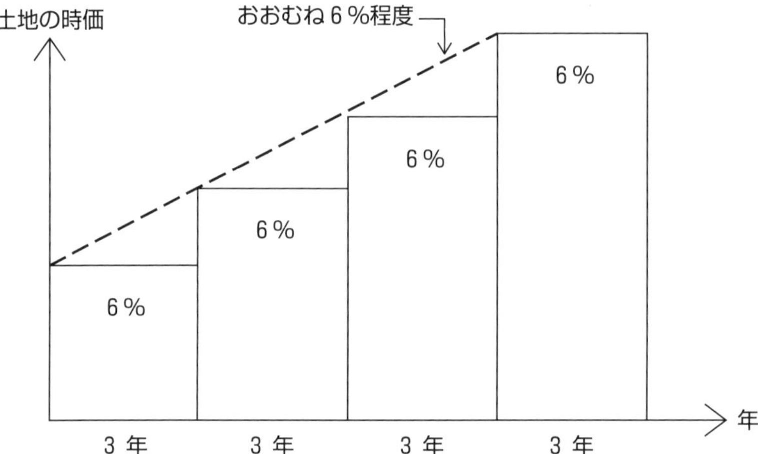

【参考】

令137、法基通13-１-２、平成元年３月30日付直法２-２（最終改正平３課法２-４）

第11章

その他の損金等

第1節 資産の評価損益

東証の監理ポストに移管された株式の期末評価

Q84

Ｅ社は東証の上場基準を満たさなくなったために、Ｅ社が発行する株式（上場株式）は、３月31日に東証の監理ポストに移管されました。

当社はＥ社株式を保有しています（売買目的有価証券ではありません。）が、Ｅ社が上場基準を満たさなくなったことが発表された後、初めて値の付いた日（４月８日）の取引所最終価格でＥ社株式の評価損を計上することは認められるでしょうか。

当社は３月31日決算ですが、Ｅ社の発表は、３月29日（金）の取引所最終価格が公表された後であり、暦の関係で、同社の発表を反映した株価が期末までに付かないことから、監理ポスト移管後、初めて値の付いた日（４月８日）の取引所最終価格をＥ社株式の期末時価として評価損を計上して差し支えないかという趣旨です。

A

４月８日の取引所最終価格を期末（３月31日）の時価とすることはできないと考えます。

なお、Ｅ社株式について、法人税法施行令第68条第１項第２号イ《資産の評価損の計上ができる事実》に規定する「有価証券の価額が著しく低下したこと」に該当するとして法人税法第33条第２項《評価替えを行った場合の資産の評価損の

損金算入》の規定による評価損を計上する場合に、時価の算定は、売買目的外有価証券の場合は、事業年度終了の日以前１か月間の市場価格の平均額とすることが認められており（法基通９－１－８）、その価額が帳簿価額の概ね50%相当額を下回っており、近い将来その価額の回復が見込まれない場合（法基通９－１－７）には、評価損の計上が認められるものと考えます。

解　説

法人税法上、資産の評価換えによる評価損の計上は原則として認められていませんが、有価証券については、期末の時価が帳簿価額の50%相当額を下回り、回復の見込みがない場合に限り、損金経理により評価損を計上することが認められています（法33②、令68、法基通９－１－７、９－１－８）。

ところで、Ｅ社発行の株式は、期末において既に東証の監理ポスト（上場廃止となるおそれがある銘柄の取引ポスト）に移管しており、株式の上場廃止が決定された場合に移管される整理ポスト（上場廃止を投資家に知らせる取引ポスト）には至っていないものの、近い将来Ｅ社発行株式の上場を廃止する予定で証券取引所の管理下で売買されている実態からすれば、Ｅ社発行株式は、市場における通常の状態とその価値において相当程度下落しており、株価の回復が期待できないことは明らかであると判断できます。

したがって、法人税法施行令第68条《資産の評価損の計上ができる事実》第１項第２号イに規定する「有価証券の価額が著しく低下したこと」に該当し、法人税法第33条《資産の評価損の損金不算入等》第２項の規定による評価損の計上を行うことができるとするのが相当であると考えます。

この場合、Ｅ社発行株式は監理ポストに移管されているものの、形式的には依然上場株式ですから、事業年度末の時価は、当社の事業年度終了の日以前１か月間の市場価格の平均額として差し支えないとされています（法基通９－１－８）。その価額が帳簿価額の概ね50％相当額を下回っており、近い将来その価額の回復が見込まれない場合（法基通９－１－７）には、評価損の計上が認められます。

ご質問のように、Ｅ社が上場基準を満たさなくなったことが発表された後、初めて値の付いた日（４月８日）の取引所最終価格をそのまま当期末の時価として採用することは認められないと考えます。

【参考】
法33、令68、法基通９－１－７、９－１－８

民事再生法による再生手続開始決定があった場合の資産の評価減

Q 85

不動産業を営むＦ社は、販売用不動産（棚卸資産）と賃貸用不動産（固定資産）に多額の含み損を抱え、倒産に至る見込みとなりました。

このため、民事再生法の申請を予定しています。

民事再生法第124条《財産の価額の評定等》によりますと、再生債務者に属する一切の財産を再生手続開始の時における価額で評定し、その評定額による財産目録と賃借対照表を裁判所に提出しなければなりません。

Ｆ社は、この規定により財産の価額を評定し、保有不動産等の評価損を計上することとしています。

この評価損は、法人税法施行令第68条《資産の評価損の計上ができる事実》第２項第１号ハの「イ又はロに準ずる特別の事実」及び第３号ホ「イからニまでに準ずる特別の事実」に該当し、Ｆ社の所得の金額の計算上、損金の額に算入して差し支えないでしょうか。

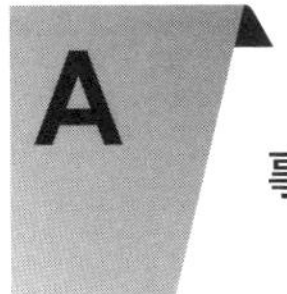

民事再生法による再生計画認可の決定がなされれば、その事業年度の損金の額に算入することができると考えます。

解　説

法人税法施行令第68条第２項では、「内国法人の有する資産について、法人税法第33条第２項に規定する政令（法人税法施行令第68条のこと）で定める事実が生じ、かつ、当該内国法人が当該資産の評価替えをして損金経理によりその帳簿価額を減額する場合において、当該内国法人が当該評価替えをする事業年度につき同条第４項《民事再生等による特定の事実が生じた場合の資産の評価損の損金算入》の規定の適用を受けるとき（当該事実が生じた日後に当該適用に係る次条第２項各号に定める評定が行われるときに限る。）は、当該評価替えについては、法第33条第２項の規定は、適用しない。この場合において、当該資産（同条第４項に規定する資産に該当しないものに限る。）は、同条第４項に規定する資産とみなす。」と規定し、資産の評価損の損金算入については、民事再生計画の認可決定があった場合には、法人税法第33条第４項が同条第２項に優先して適用されると確認的に規定しています。

したがって、ご質問の内容については、法人税法第33条第４項と同法施行令第68条の２第１項により検討します。

法人税法第33条第４項及び同法施行令第68条の２は、「内国法人について再生計画認可の決定又は再生計画認可の決定があったことに準ずる事実が生じた場合において、その内国法人がその有する資産の価額につき再生計画認可の決定があった時の価額により行う評定などを行っているときは、その資産（適用除外資産を除く。）の評価損の額は、これらの事実が生じた日の属する事業年度の所得の金額の計算上、損金の額に算入する。」と規定しています。

したがって、棚卸資産と固定資産ともに、再生計画の認可決定があれば、その時の価額により行った評定の額が帳簿価額を下回る場合には、その差額を損金経理により損金の額に算入することが認められると考えます。

【参考】

法33、令68、68の２

事業供用の見込みの立たない土地の評価減

Ａ社は、平成10年に県及び市の要請に基づき、ニュータウン建設計画に付随するショッピングセンター建設用地を取得しましたが、令和２年６月現在、ニュータウンの入居世帯数は、当初計画の２割程度と大幅に遅延しています。

Ａ社が取得した土地も事業供用した部分と開発計画中のものを除いた部分は、今後、事業供用の見込みがありません。

Ａ社では、決算に当たり、銀行の勧めもあり、事業供用の見込みがない部分の土地を不動産鑑定士に鑑定してもらい、鑑定評価額まで評価減したいと考えていますが、認められるでしょうか。

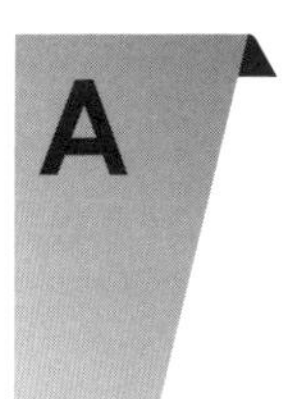

この土地の評価損の計上は認められないと考えます。

解　説

固定資産の評価損に関しては、法人税基本通達９－１－16《固定資産について評価損の計上ができる「準ずる特別の事実」の例示》及び９－１－17《固定資産について評価損の計上ができない場合の例示》があります。

評価損を計上することができる場合として法人税基本通達９－１－16では、一定の計画に基づいて固定資産を取得し、事業の用に供すべくその設置、据付け等を終わったにもかかわらず、その後の経済情勢の変化等によって事業の用に供することができなくなり、やむを得ず、そのまま１年以上放置されている固定資産についても、現に物理的又は経済的減耗が生じて、価額が低下したと認められる事実がある場合には、法人税法施行令第68条《資産の評価損の計上ができる事実》第１項第３号ホに掲げる「イからニまでに準ずる特別の事実」が生じたものとして評価減の計上を認めるということです。

法人税法施行令第68条第１項第３号において評価減が認められる事由としては、災害又は法律の規定によるもの以外として、同号ロからニまでに掲げる事実で、

① （いったん事業の用に供した後）１年以上の遊休状態

② 他の用途への転用又は

③ 所在場所に著しい状況変化があった場合

とされています。

土地は、時の経過とともに価値が減少するものではなく、経済状況の変化による地価の下落は、あくまで一種の見込み違いであり、物価変動によるものと認められるに過ぎません。

以上より、ご質問の土地の評価損の計上は、認められないと考えます。

【参考】

令68①三、法基通９－１－16、９－１－17

第2節　租税公課

固定資産税及び不動産取得税の賦課決定が遅延する場合の損金算入時期

Q 87

不動産賃貸業を営むG社は、新たに賃貸ビルを取得しましたが、そのビルを賃貸の用に供した事業年度の末日までに固定資産税及び不動産取得税の賦課決定通知が届きませんでした。このことは、単に、地方税当局の事務の遅延によるものであると考えられます。

この場合、G社は、そのビルを事業の用に供した事業年度で、固定資産税と不動産取得税を適正に見積もり、損金の額に算入することは認められますか。

認められると考えます。

解　説

不動産賃貸業者の場合、賃貸物件に係る固定資産税や不動産取得税は、賃貸収益に対応する原価と認められますので、見積計上するのが相当と考えられます（法基通２－２－１）。

未払計上を認めないとすると、賦課決定のあった事業年度で複数年分の固定資産税が一時に計上されることになり不合理です。

また、事業年度末までに固定資産税と不動産取得税の賦課決定通知書が届かなかったのは、専ら地方税当局の事務の遅延が原因であると考えられます。

不動産取得税については、その課税が取得時だけであり、賃貸収益に対する売上原価等となるかという点については若干疑義がありますが、固定資産税を売上原価として未払金計上することを認めることとした場合、不動産取得税についてこれを認めないのは、特段の理由がないものと考えられます。

また、これらの租税が、売上原価以外の費用に該当するとした場合でも、ご質問のように著しく賦課決定が遅れていて、その金額が合理的に算定できる場合には、通常賦課決定があるべき時期に債務が確定したものとして、損金の額に算入することが認められるものと考えます。

【参考】

法基通２－２－１

第3節　貸倒損失

貸倒損失に該当する債権放棄（特定調停）

Q 88

特定調停において元本又は利息の全部又は一部の放棄が行われた場合、貸倒れとして損金の額に算入できるか否かはどのように検討するのでしょうか。

A

特定調停において元本又は利息（元本に充当される利息を除きます。）の全部又は一部の放棄が行われ、次のような場合に該当するときには、その債権放棄の額は貸倒れとして損金の額に算入されます。

①　法人税基本通達９－６－１⑶ロに該当する場合

行政機関又は金融機関その他の第三者のあっせんによる債権者集会の協議決定で合理的な基準により債務者の負債整理を定めているものにより切り捨てられることとなった部分の金額

②　法人税基本通達９－６－１⑷に該当する場合

債務者の債務超過の状態が相当期間継続し、その金銭債権の弁済を受けることができないと認められる場合において、その債務者に対し書面（特定調停にあっては調停調書）により明らかにされた債権放棄金額

解　説

法人税基本通達９－６－１《金銭債権の全部又は一部の切捨てをした場合の貸倒れ》では、金銭債権のうち回収することができないと認められる部分の金額を放棄（切捨て）した場合には、貸倒れとして損金の額に算入するとしています。

この回収することができないと認められるか否かについては、その債務者の資産状況、支払能力等をみて個別に判断することになりますが、例えば、特定調停による債権放棄について、次のような事実が認められる場合には、貸倒れに該当すると考えて差し支えないと考えます。

①　個人債務者等が無一文（資力喪失）になるような場合

②　資産を有しない個人債務者で、生活保護等を受け、年間収入からの弁済が全く見込まれないか又は僅少である場合

③　資産の処分以外に弁済が見込まれない債務者で、その債務者が保有する資産につき評価額以上の先順位の担保権が設定されていること等により、その資産からの回収が見込まれない場合又は実質的に担保が設定されていないと認められる場合

④　法人である債務者に資産がなく、債権につき代表者の人的保証のみが担保とされている場合において、その代表者が①～③の状態にあるとき

クレジットやサラ金等の個人の多重債務に係る特定調停による債権放棄は、このようなことから貸倒損失となるケースが多いと考えられます。

なお、特定調停では、申立人（債務者）は、財産の状況を示すべき明細書その他特定債務者であることを明らかにする資料及び関係権利者（債権者、担保権者）の一覧表を提出しなければならないとされていることから（特定調停法３③）、これらの資料から回収することができな

いと認められるか否かを判定することになると考えます。

【参考】

法基通９－６－１

法人税基本通達９－６－１⑶のロに該当する貸倒損失（特定調停）

Q 89

特定調停により放棄（切捨て）することとなる金額が法人税基本通達９－６－１⑶のロ《金銭債権の全部又は一部の切捨てをした場合の貸倒れ》に該当し、貸倒れとして損金の額に算入できる場合とは、どのような場合でしょうか。

A

特定調停により放棄（切捨て）することとなる金額が、法人税基本通達９－６－１⑶のロに該当し、貸倒れとして損金の額に算入できる場合としては、

①　債権者集会と同様に大部分の債権者が特定調停手続に参加し、

②　負債整理が合理的な基準により定められている場合

などが該当します。

解　説

ここでいう「合理的な基準」とは、一般的に、全ての債権者について概ね同一の条件でその切捨額等が定められているような場合をいいますが、例えば、少額債権者については優先的に弁済するというようなことも、状況次第によっては「合理的な基準」に該当するものと考えられます。

【参考】

法基通９－６－１

法人税基本通達 9－6－1⑷に該当する貸倒損失（特定調停）

Q 90

特定調停により放棄（切捨て）することとなる金額が、法人税基本通達 9－6－1⑷《金銭債権の全部又は一部の切捨てをした場合の貸倒れ》に該当し、貸倒れとして損金の額に算入できる場合とは、どのような場合でしょうか。

A

法人である債権者が行った債権放棄の額が、法人税基本通達 9－6－1⑷に該当し、貸倒れとして損金の額に算入できる場合としては、

① 債務者の債務超過の状態が相当期間継続していること

② ①により、金銭債権の弁済を受けることができないと認められること

③ 債務者に対し書面（特定調停においては調停調書）により明らかにした債権放棄であること

などが該当します。

解　説

なお、金銭債権の弁済を受けることができないか否かは、債務者の実質的な財産状態を検討する必要がありますから、①の「債務超過の状態」か否かは、時価ベースにより判定することとなります。

【参考】

法基通 9－6－1

貸倒れと認められなかった債権放棄

Q 91

債権放棄したものの、それが貸倒れと認められない場合には、必ず寄附金とされるのでしょうか。

A

債権放棄したものの、それが貸倒れと認められない場合（回収不能であることが明らかでない場合の債権放棄）であっても、その債権放棄を行うことについて経済合理性が認められる場合には、当然に寄附金に該当するということはないと考えます。

解　説

法人税基本通達9－4－1《子会社等を整理する場合の損失負担等》又は9－4－2《子会社等を再建する場合の無利息貸付け等》においては、子会社等を整理又は再建するために行う債権放棄等（債権放棄及び無利息貸付け等）で、相当な理由があり経済合理性を有する場合には、寄附金に該当しないものとされています。

このため、貸倒れと認められない債権放棄等については、経済合理性を有するか否かについて法人税基本通達9－4－1及び9－4－2に基づき検討する必要があります。

【参考】

法基通9－4－1、9－4－2

保証人がいる場合の貸倒れ

H社は、個人事業者である得意先に対して有する売掛債権を回収するために、その得意先との間で分割返済の契約を締結しましたが、その契約において、その得意先の実兄に債務保証してもらいました。

その後、その得意先からは全く返済を受けることなく、その得意先は自己破産しました。その得意先の資産状況、支払能力等からみてその全額が回収不能となったと判断されたことから、保証人から回収できるかについて検討したところ、保証人は、生活保護受給対象者と同程度の収入しかない上、その有する資産も生活に欠くことができない程度、すなわち差押禁止財産（破産法34、民事執行法131）程度しか有しておらず、保証人からの回収の見込もないことが判明しました。

そこで、H社は、その保証人に対して保証債務の履行を求めることなく、この売掛債権について貸倒れとして損金経理しようと考えていますが、税務上、この処理は認められるでしょうか。

貸倒れとして損金の額に算入することが認められると考えます。

解　説

法人の有する金銭債権につき、その債務者の資産状況、支払能力等からみてその全額が回収できないことが明らかになった場合には、その明らかになった事業年度において貸倒れとして損金経理することができます（法基通９－６－２）。この場合において、保証人があるときには、保証人からも回収できない場合に貸倒処理が認められます。

ご質問の場合には、保証人は生活保護受給対象者と同程度の収入しかない上、資産の保有状況からも回収することができないと見込まれるとのことですので、実質的に保証人からも回収できないと考えられます。

したがって、Ｈ社が保証人に対して保証債務の履行を求めていない場合であっても、保証人からの回収ができないとして、貸倒損失を損金の額に算入することが認められると考えます。

【参考】

破産法34、民事執行法131、法基通９－６－２

担保物がある場合の貸倒れ

Q 93

Ａ社は、取引先であるＢ社に対して1,000万円の貸付金を有しており、Ｂ社所有の土地に抵当権を設定しています。

この度、Ｂ社が倒産したため、貸付金を回収する可能性を検討したところ、Ｂ社にはＡ社が抵当権を設定した土地以外には価値のある資産が見当たらない上、Ａ社の抵当権順位は第５順位となっており、Ｂ社所有の土地が処分されたとしても、Ａ社が配当を受ける可能性が全くないことが判明しました。このようにＢ社が所有している土地を処分しても、Ａ社に配当される金額がないと認められ、Ｂ社の資産状況、支払能力等からみて、Ａ社が貸付金の全額を回収できないことは明らかです。

そこで、Ａ社は、Ｂ社が所有する土地の処分を待たずに、Ｂ社が倒産し、貸付金の回収の見込みがないことが判明した当事業年度で、Ｂ社に対して有する貸付金を貸倒れとして損金経理しようと考えていますが、税務上もこの処理は認められるでしょうか。

貸倒れとして損金の額に算入することが認められると考えます。

解　説

法人の有する金銭債権につき、その債務者の資産状況、支払能力等からみてその全額が回収できないことが明らかになった場合には、その明らかになった事業年度において貸倒れとして損金経理をすることができます（法基通９－６－２）。

この場合において、その金銭債権に担保物があるときは、その担保物の処分後の状況によって回収不能かどうかを判断すべきですから、その担保物を処分し、その処分によって受け入れた金額を控除した残額について、その全額が回収できないかどうかを判定することになります。

したがって、一般的には、担保物が劣後抵当権であっても、その担保物を処分した後でなければ貸倒処理を行うことはできません。

ただし、担保物の適正な評価額からみて、その劣後抵当権が名目的なものであり、実質的に全く担保されていないことが明らかである場合には、担保物はないものと取り扱って差し支えないと考えます。

ご質問の場合、Ａ社にとって実質的に全く担保されていないことが判明し、Ｂ社の資産状況、支払能力等からみて貸付金の全額が回収不能と判断されるとのことですから、担保物を実際に処分する前であっても貸倒れとして処理することができると考えます。

なお、ご質問の場合と異なり、担保物の処分によって回収可能な金額が全くないとまでは言えない場合には、その担保物を処分した後でなければ貸倒処理することはできません（法基通９－６－２）。

ただ、担保物の処分による回収可能額が全くないとは言えないケースであっても、回収可能性のある金額が少額に過ぎず、その担保物の処分に多額の費用が掛かることが見込まれ、既に債務者の債務超過の状態が相当期間継続している場合に、債務者に対して書面により債務免除を行ったときには、その債務免除を行った事業年度において貸倒れとして損金の額に算入されます（法基通９－６－１⑷）。

【参考】

法基通９－６－１⑷、９－６－２

第4節 ポイント制度

ポイント還元事業に係る税務上の処理

Q 94

還元ポイントを利用した場合の小売店と顧客の税務上の処理と消費税の取扱いについて教えてください。

A

還元ポイントを利用した時に、ポイント相当額を雑収入として計上しますが、その雑収入は、消費税法上は不課税取引とされます。

解　説

❶ポイント還元事業の概要

令和元年10月１日からの消費税率10％への引上げに対する経済対策とキャッシュレス決済の促進を目的として、同日から令和２年６月30日までの９か月間に限り、中小・小規模事業者によるキャッシュレス手段を使ったポイント還元事業が実施されました。

購入金額（原則として税込金額です。）に対して、一般の中小小売店舗では５％、コンビニなどのフランチャイズチェーンやガソリンスタンドでは２％のポイントが購入者に付与されました。

一般には、購入金額に応じて、次回以降の買い物で使えるポイントを付与するポイント付与の方法が採用されていますが、大手コンビニ各社では、購入時に付与されるポイントをその購入時の支払に充当する即時充当が採用されていたようです。

消費者還元の仕組み

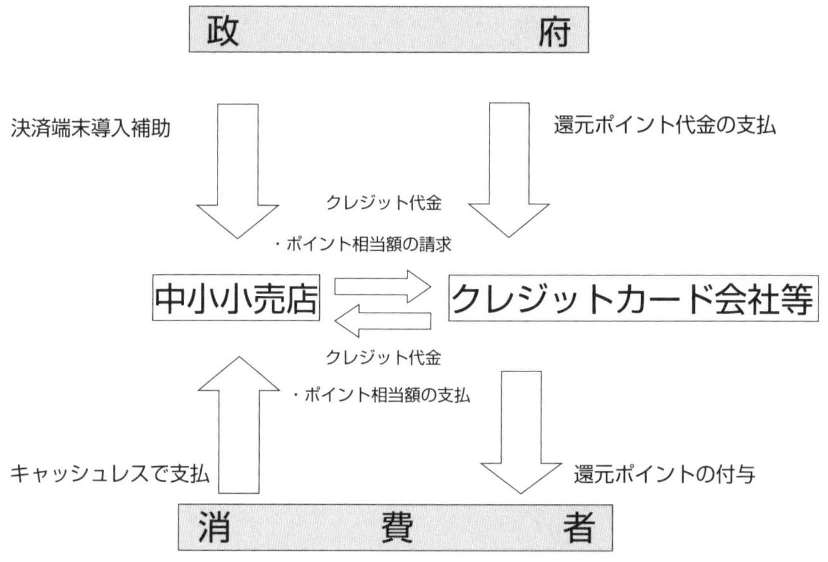

❷還元ポイントの税務上の処理と消費税の取扱い

(1)　法人税・所得税の取扱い

還元ポイントは、顧客が中小小売店でキャッシュレスで買い物をした場合に、その中小小売店が契約するクレジットカード会社や電子マネーの会社等が顧客に付与するポイントです。顧客が中小小売店で還元ポイントを利用して買い物をした場合には、その還元ポイント分に相当する金額を中小小売店はクレジット会社や電子マネーの会社等に請求して、回収します。

したがって、中小小売店では、商品を販売した時点は、還元ポイント利用額を含めた金額で売上げを計上します。

一方、顧客にとって、還元ポイントは、商品を購入した中小小売店からではなく、クレジット決済等を利用したクレジット会社や電子マネーの会社等から付与されたことになります。この還元ポイントは、利用するときに雑収入に計上します。

また、大手コンビニなどのフランチャイズチェーンでは、顧客が支払手段として利用したカードから徴収される金額は、即時充当された還元ポイント相当額を差し引いた金額となります。フランチャイズチェーン店では、還元ポイント相当額はクレジット会社や電子マネーの会社等に対する債権となり、顧客にとっては、還元ポイント相当額を雑収入として計上する必要があります。

⑵　消費税の取扱い

顧客が還元ポイントを利用することにより雑収入に計上すべき金額は、消費税においては不課税取引となります。

また、還元ポイントで交換した商品券や還元ポイントをそのまま利用して商品を購入した場合には、その商品代金の全額が課税売上げ又は課税仕入れの金額となりますから、その金額に対応する仮受消費税又は仮払消費税を計上します。

なお、中小小売店がクレジットカード会社等に支払うクレジットカード手数料は、非課税取引です。

大手コンビニなどのフランチャイズチェーンで商品を購入した時に即時充当された還元ポイント相当額の雑収入に計上すべき金額も、消費税においては不課税取引となります。

❸還元ポイントに係る具体的な経理処理

中小小売店等が顧客に商品等を販売し、購入対価の５％の還元ポイントが付与された場合やその還元ポイントが利用された場合の中小小売業者等と顧客の経理処理について説明します。

⑴　中小小売店などの経理処理

商品を販売する中小小売店などの経理処理は、次のとおりです。

イ　キャッシュレス決済で商品を販売した場合

中小小売店が顧客に商品を100,000円（本体価格）で販売し、クレジットカードで決済された時の仕訳は次のとおりです。

〔仕訳〕

カード売掛金	110,000	売上げ（課税売上げ）	100,000
		仮受消費税額等	10,000

ロ　カード売上代金を回収した場合

カードで売り上げた代金110,000円をクレジットカード会社から回収し、カード手数料3,000円を差し引かれて入金した場合の仕訳は次のとおりです。

〔仕訳〕

現金預金	107,000	カード売掛金	110,000
カード手数料（非課税）	3,000		

ハ　還元ポイントを利用して商品を販売した場合

中小小売店が顧客に商品を100,000円（本体価格）で販売し、クレジットカードで決済された際に、顧客が還元ポイント5,000円分を利用した時の仕訳は次のとおりです。

〔仕訳〕

カード売掛金	105,000	売上げ（課税売上げ）	100,000
還元ポイント債権	5,000	仮受消費税額等	10,000

ニ　カード売上代金と還元ポイント相当額を回収した場合

カードで売り上げた代金105,000円と還元ポイント相当額5,000円をカード会社から回収し、カード手数料3,000円を差し引かれて入金された時の仕訳は次のとおりです。

〔仕訳〕

現金預金	107,000	カード売掛金	105,000
カード手数料（非課税）	3,000	還元ポイント債権	5,000

ホ　大手コンビニのフランチャイズ店が還元ポイントを即時充当して商品を販売した場合

大手コンビニのフランチャイズ店が顧客に商品を10,000円（本体価格）で販売し、キャッシュレス決済された際、付与される還元ポイント220円を即時充当した場合の仕訳は次のとおりです。

〔仕訳〕

カード売掛金	10,780	売上げ（課税売上げ）	10,000
還元ポイント債権	220	仮受消費税額等	1,000

⑵　顧客の経理処理

顧客が中小小売店等でキャッシュレス決済で商品を購入した場合等の経理処理は、次のとおりです。

イ　キャッシュレス決済で商品を購入した場合

中小小売店から消耗品を100,000円（本体価格）で購入し、クレジットカードで決済した時の仕訳は次のとおりです。

〔仕訳〕

消耗品費（課税仕入れ）	100,000	カード未払金	110,000
仮払消費税額等	10,000		

ロ　クレジットカードの利用代金を支払った場合

クレジットカード会社にクレジットカードの利用代金110,000円を支払った時の経理処理は、次のとおりです。

〔仕訳〕

カード未払金	110,000	現金預金	110,000

ハ　保有する還元ポイントを利用して買い物をした場合

付与された5,500円分の還元ポイントを利用して、中小小売店で100,000円（本体価格）の消耗品をクレジットカード払いで購入した場合の仕訳は次のとおりです。

〔仕訳〕

消耗品費（課税仕入れ）	100,000	カード未払金	104,500
仮払消費税額等	10,000	雑収入（不課税）	5,500

ニ　大手コンビニのフランチャイズ店で還元ポイントを即時充当して商品を購入した場合

大手コンビニのフランチャイズ店で商品を10,000円（本体価格）で購入し、キャッシュレス決済した際、付与された還元ポイント220円を即時充当して支払った場合の仕訳は次のとおりです。

〔仕訳〕

消耗品費	10,000	カード未払金	10,780
仮払消費税額等	1,000	雑収入（不課税）	220

事業者が商品購入時に共通ポイントを使用した場合の税務上の処理

Q95

事業者が商品購入時に共通ポイントを使用した場合の経理処理と消費税の取扱いについて教えてください。

A

事業者が商品を購入した際、その取引（課税仕入れ）について仕入税額控除を行うこととなりますが、商品購入時にポイントを使用した場合、消費税の「課税仕入れに係る支払対価の額」は、

① ポイント使用が「対価の値引き」である場合には、商品対価の合計額からポイント使用相当分の金額を差し引いた金額（値引後の金額）

② ポイント使用が「対価の値引きでない」場合には、商品対価の合計額（全額）

となります。

解　説

商品購入時に発行されるレシートには、ポイント使用の態様に応じて「課税仕入れに係る支払対価の額」が表示されていると考えられますので、商品を購入した事業者は、レシートの表示から「課税仕入れに係る支払対価の額」を判断して差し支えありません。

＜レシート表記の例＞

①のケース：値引き

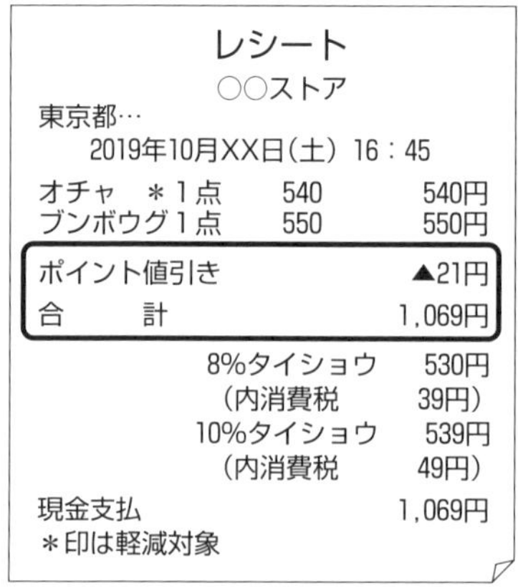

1,069円が課税仕入れの対価の額となる。

②のケース：値引きでない

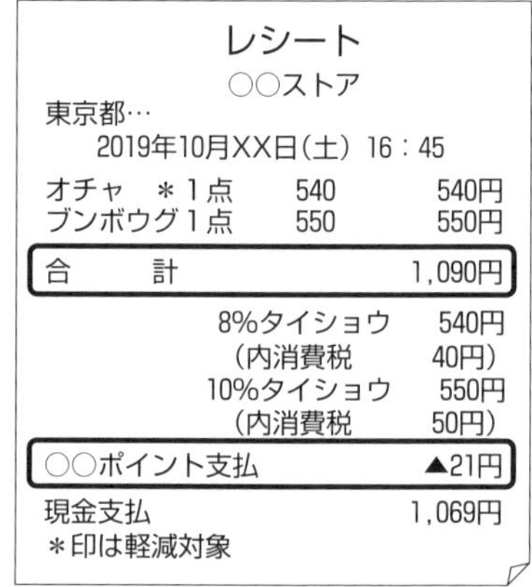

1,090円が課税仕入れの対価の額となる。

消費税の仕入税額控除の適用を受けるためには、区分経理に対応した帳簿及び区分記載請求書等の保存が必要です。そのため、例えば、次のように、日々の記帳段階から取引を税率ごとに区分経理しておくことが必要です。

①のケース（値引き）

借方		貸方	
消耗品費（８％対象）	530円	現金	1,069円
消耗品費（10％対象）	539円		

②のケース（値引きでない）

借方		貸方	
消耗品費（８％対象）	540円	現金	1,069円
消耗品費（10％対象）	550円	雑収入（消費税不課税）	21円

なお、国税庁が示した共通ポイント制度を利用する事業者及びポイント会員の一般的な処理例は、次のとおりです。

○共通ポイント制度を利用する事業者（加盟店A）及びポイント会員の一般的な処理例

【前提となる制度の概要】
- B社が運営する共通ポイント制度は、会員が加盟店で100円(税込)の商品を購入するごとに1ポイントが付与。加盟店はポイント付与分の金銭をB社に支払う。
- 1ポイントは1円相当で、加盟店の商品の購入に使用できる。ポイント使用分にはポイントが付与されない。加盟店はポイント使用分の金銭をB社から受領する。
- 設例の取引における消費税率は10%とする。

（単位：円）

<table>
<tr><th></th><th>会計処理（税抜経理方式）</th><th>会計処理（税込経理方式）</th><th>消費税の取扱い</th></tr>
<tr><td rowspan="2">ポイント付与時</td><td>売手（加盟店A）
(11,000円(税込)の商品を販売、B社から会員に110ポイント付与)
現金等 11,000　売上 10,000
ポイント費用 110　仮受消費税 1,000
未払金 110</td><td>売手（加盟店A）
(同左)
現金等 11,000　売上 11,000
ポイント費用 110　未払金 110</td><td>売手（加盟店A）
課税売上げの対価 10,000
課税売上げに係る消費税額 1,000
ポイント費用（不課税）(注) 110</td></tr>
<tr><td>買手（会員）
仕入 10,000　現金等 11,000
仮払消費税 1,000</td><td>買手（会員）
仕入 11,000　現金等 11,000</td><td>買手（会員）
課税仕入れの対価 10,000
課税仕入れに係る消費税額 1,000</td></tr>
<tr><td>B社への支払時</td><td>加盟店A（会員に付与された110ポイント相当額をB社へ支払）
未払金 110　現金等 110</td><td>加盟店A（同左）
未払金 110　現金等 110</td><td>加盟店A
－</td></tr>
<tr><td rowspan="2">ポイント使用時</td><td>売手（加盟店A）
(220円(税込)の商品を販売、会員が110ポイント使用して決済)
現金等 110　売上 200
未収金 110　仮受消費税 20
〔この取引にも1ポイント付与されるが、説明の便宜上、省略〕</td><td>売手（加盟店A）
(同左)
現金等 110　売上 220
未収金 110
〔同左〕</td><td>売手（加盟店A）
課税売上げの対価 200
課税売上げに係る消費税額 20</td></tr>
<tr><td>買手（会員）
消耗品費 200　現金等 110
仮払消費税 20　雑収入 110</td><td>買手（会員）
消耗品費 220　現金等 110
雑収入 110</td><td>買手（会員）
課税仕入れの対価 200
課税仕入れに係る消費税額 20
雑収入（不課税） 110</td></tr>
<tr><td>B社から受領時</td><td>加盟店A（会員が使用した110ポイント相当額をB社から受領）
現金等 110　未収金 110</td><td>加盟店A（同左）
現金等 110　未収金 110</td><td>加盟店A
－</td></tr>
</table>

（注）加盟店（A）とポイント制度の運営企業（B社）との取引については、対価性がないこと（消費税不課税）を前提とした処理としている。ポイント制度の規約等の内容によっては、消費税の課税取引に該当するケースも考えられる。

〔国税庁HPより〕

○共通ポイント制度を利用する事業者（加盟店A）及びポイント会員の取引の概要

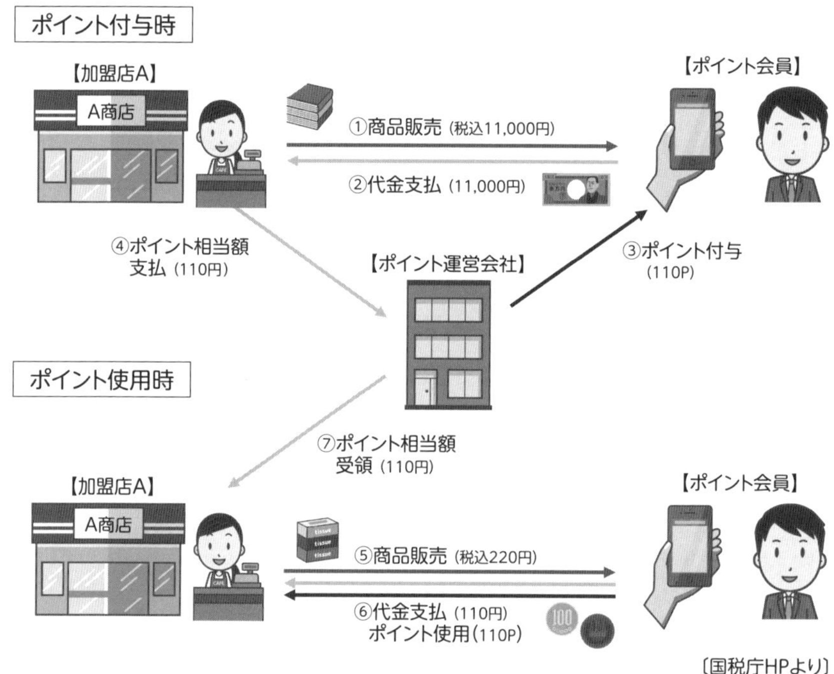

〔国税庁HPより〕

第5節　節税商品

コンテナーをトランクルームとして賃貸する節税商品

Q 96

Ａ社は、トランクルーム事業者であるＢ社からコンテナーを購入し、そのコンテナーをトランクルームとしてＢ社に賃貸する事業に投資することを勧められています。

この取引では、賃貸収入が毎月均等に入金される一方で、コンテナーを３年又は７年の定率法で減価償却することにより、大きな節税効果が期待できるとのことです。

このような節税商品は、税務調査で問題とならないでしょうか。

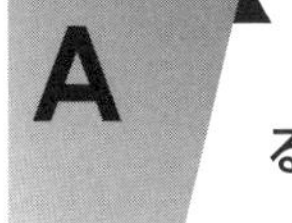

コンテナーに建物の耐用年数を適用して、更正処分を受ける可能性が考えられます。

解　説

コンテナーは、船舶や貨物列車に積まれて荷物を運搬するもので、移動するものであると一般に認識されています。一方で、コンテナーを土地に固着させてトランクルームやカラオケルームなどとして利用されることもあります。

耐用年数省令別表第一では、コンテナーは、「器具及び備品」の「６　容器及び金庫」の「ドラムかん、コンテナーその他の容器」で、「大型コンテナー（長さが６メートル以上のものに限る。）」は７年、「その他のもの」の「金属製のもの」は３年で「その他のもの」が２年とされており、定率法により減価償却することが認められます。

そこで、コンテナーを他に賃貸する一方、短い耐用年数で早期に減価償却する節税商品が取り組まれています。

しかしながら、コンテナーを土地に固着させてトランクルームやカラオケルームなどとして利用する場合で、コンテナーを建築物として建築確認申請した場合には、建物の耐用年数を適用すべきではないかとの疑義が生じます。

建物とは、屋根及び周壁又はこれらに類するものを有し、土地に定着した建造物であって、その目的とする用途に供し得る状態にあるものとされていますから、そのようなコンテナーが器具及び備品に該当するとは一概には言えないのではないでしょうか。

したがって、税務調査において、建物の耐用年数（金属造のもの〔骨格材の肉厚が４ミリメートルを超えるものに限る。〕の倉庫業用の倉庫用のもののその他のものの場合26年）を適用し、平成10年４月１日以後に取得した建物は定率法で減価償却することができませんから、定額法で減価償却すべきであるとして、更正処分を受ける可能性が考えられます。

【参考】

耐用年数省令別表第一

建築足場のレンタルビジネスによる節税商品

アパレル業を営むB社は、建築足場のレンタルビジネスによる節税商品の勧誘を受け、建築足場の販売業者であるC社から建築足場一式を1,000万円で購入しました。B社はその建築足場をそのままC社に賃貸します。C社はその建築足場を建築業者に賃貸します。毎月定額の賃貸料がC社からB社に振り込まれ、C社との賃貸借契約が終了したら、B社はその建築足場一式をC社に売却します。

B社では、この建築足場一式の購入価額を少額の減価償却資産として一括して損金の額に算入することができるでしょうか。

現状では、建築足場一式の購入価額を少額の減価償却資産として一括して損金の額に算入することは否認されていないようです。

解　説

建築用の足場は、税務上「工具」の「金属製柱及びカッペ」に該当し、法定耐用年数は３年が適用され、新定率法の償却率は0.667です。

一方、内国法人がその事業の用に供した減価償却資産で、その使用可能期間が１年未満であるもの又はその取得価額が10万円未満であるものを有する場合において、その内国法人がその資産の取得価額に相当する金額につきその事業の用に供した日の属する事業年度において損金経理をしたときは、その損金経理をした金額は、その事業年度の所得の金額の計算上、損金の額に算入されます（少額の減価償却資産の取得価額の損金算入制度、令133）。

次に、少額の減価償却資産の取得価額の判定についてですが、取得価額が10万円未満であるかどうかは、通常一単位として取引されるその単位、例えば、機械及び装置については一台又は一基ごとに、工具、器具及び備品については一個、一組又は一そろいごとに判定し、構築物のうち例えば枕木、電柱等単体では機能を発揮できないものについては一の工事等ごとに判定する（法基通７－１－11）とされています。

ここで言う「通常一単位として取引されるその単位」とは、建築用の足場の場合はどう判断するのでしょうか。

この点、建築足場とは、建枠・鋼製布板・補助鋼製布板・筋交い・杉板からなる部品を建物の大きさに応じて適切に組み立てて使用しますので、一単位が定まりません。

そのため、国税当局が出版した減価償却に関する質疑応答事例集では、次のように解説しています。

イ　何本をもって１単位と判定すべきであるか必ずしも明確ではありません。したがって、１本ごとに判定して差し支えないものと考えられます（東京国税局法人課税課・減価償却質疑応答集）。

このように、何本で１単位とすべきであるか必ずしも明確でないからという消極的な理由付けで１本で判定することを認めています。

ロ　道路工事用地盤補強用鋼板は、１枚であってもその効果が発揮できると認められますから、１枚ごとに判定して差し支えないものと考えられます（大阪国税局法人課税課・減価償却実務問答集）。

道路工事用地盤補強用鋼板は、建築足場と違って１枚でも効果を発揮することは明らかですから、１枚ごとに判定して差し支えないと説明しています。

いずれにしましても、紹介した問答集に書かれているのは、現行の通達の解釈方法であって、解釈は経済取引が変動すればそれに従って変更され得るものです。照会のように節税商品として、建築足場を自社で使用することもない法人が少額の減価償却資産の取得価額の損金算入制度を利用するだけのために建築足場を購入することに何らかの対応をすることも考えられます。

ただ、建築足場の法定耐用年数は３年です。定率法の場合の償却率は０.667ですから、事業年度当初に購入して12か月事業の用に供した場合、取得価額が1,000万円であれば、普通償却限度額が667万円ですから、そもそも節税効果はあまり期待できないのではないでしょうか。一方、利益が出たので、期末に建築足場を大量に購入して賃貸に出した場合には、一括して損金の額に算入することで減価償却費の先上げに過ぎませんが、節税効果があると考えるのでしょうか。

【参考】

令133、法基通７－１－11

ドローン投資による節税

Q 98

広告業を営むE社は、１台９万円のドローンを1,000台一括して購入し、期末までに農薬散布を請け負う業者と空中撮影を請け負う業者及びドローンの操縦を指導する自動車学校にすべて貸し出しました。

今後は、毎月定額の賃貸料が入ることになっており、一方で、少額の減価償却資産の取得価額の損金算入制度を適用して、今期中にドローンの取得価額である9,000万円を一括して損金の額に算入することを予定していますが、認められるでしょうか。

現状では、税務上否認されることはないと考えます。

解　説

内国法人がその事業の用に供した減価償却資産で、その使用可能期間が１年未満であるもの又はその取得価額が10万円未満であるものを有する場合において、その内国法人がその資産のその取得価額に相当する金額につきその事業の用に供した日の属する事業年度において損金経理をしたときは、その損金経理をした金額は、その事業年度の所得の金額の計算上、損金の額に算入されます（令133）。

ドローンは減価償却資産に該当し、お尋ねの場合は１台当たりの取得価額が10万円未満ですから、事業の用に供した事業年度の損金の額に算入することができます。

E社は広告業を営む法人ですが、購入したドローンを農薬散布を請け負う業者と空中撮影を請け負う業者及びドローンの操縦を指導する自動車学校にすべて貸し出したということですから、その時点ですべて賃貸業の用に供したものといえます。

少額の減価償却資産を事業の用に供したかどうかの判断ですが、広告業を営むE社が、ドローンを賃貸することは事業の用に供したといえますし、少額の減価償却資産の取得価額の損金算入制度は、資産を他に貸し付けた場合を除くという制度ではありません。

現行の法令通達では、お尋ねのような経理を否認するような規定や取扱いはありませんから、E社が今期中にドローンの取得価額の合計額である9,000万円を一括して損金の額に算入することは認められると考えます。

【参考】

法令133

第6節　災害損失特別勘定

災害による保険金収入の課税の繰延べ

Q99

　C社では、台風による強風の影響で、店舗の屋根に大きな被害を受けたため、早速修理業者から見積もりを取って、損害保険会社に保険金の支払を請求したところ、すぐに保険金が支払われました。

　ところが、修理は、来事業年度になってから実施される予定となっており、今事業年度で修繕費を見積もり計上できないため、保険金収入だけを計上した場合、保険金収入が法人税の課税対象となり修理に充てられる資金が目減りしてしまいます。

　保険金収入の課税を修理を行う来事業年度に先送りする方法は認められるでしょうか。

A

　修繕費の見積額を災害損失特別勘定に繰り入れることで、保険金収入の課税を来事業年度以降に繰り延べ、修繕費の計上とマッチングさせることができます。

解　説

　阪神淡路大震災、東日本大震災、熊本地震といった災害に際しては、税制は個別通達で対応してきましたが、その後、災害に対する税制上の対応として、災害損失欠損金の繰戻しによる還付、仮決算による中間申告における所得税額の還付や中間申告書の提出不要制度などが整備されました。その一環として、これまで災害の都度個別通達で対応してきた取扱いが災害損失特別勘定の制度として基本通達に織り込まれました。

昨今の自然災害の大型化の影響で、修理業者に修理を依頼しても実際に修理してもらうまでに長期間待たされることが当たり前になっています。一方で、損害保険会社は、保険金を迅速に支払うようになっています。

その結果、保険契約者が保険金の支払を受けたにもかかわらず、実際に修理を待ち続けるということが発生しています。

ご質問のように、先に損害保険金が支払われて、修理が翌事業年度以後にずれ込む場合には、修理業者の見積額など合理的に見積もった金額を限度として（法基通12-２-７）、災害損失特別勘定繰入額を損金経理により保険金収入があった事業年度の損金の額に算入し、保険金収入に係る課税を繰り延べることができます（法基通12-２-６）。

この制度の適用を受けようとする場合には、災害損失特別勘定繰入額を損金経理により繰り入れた事業年度の法人税の確定申告書に「災害損失特別勘定の損金算入に関する明細書」を添付する必要があります（法基通12-２-９）。

【参考】

法基通12-２-６～13

付表

災害損失特別勘定の損金算入に関する明細書

事業年度又は連結事業年度	・ ・ ・ ・	法人名	( )

災害のあった日		1	・ ・	当期繰入額	5	円
繰入限度額の計算	費用の見積額の合計額 (17の合計額)	2	円	繰入限度額 (4)	6	
	保険金等の額の合計額 (18の合計額)	3		繰入限度超過額 (5)－(6) (マイナスの場合は0)	7	
	繰入限度額 (2)－(3)	4		期末災害損失特別勘定残高 (5)－(7)	8	

被災資産の修繕等のために要する費用の見積額の明細

被災資産の明細	名称及び種類又は共通費用の費目					
	被災資産の所在地					
	構造、設備の種類及び細目					
	事業の用に供した年月日		・ ・	・ ・	・ ・	・ ・
価値の減少額	被災資産の帳簿価額	9	円	円	円	円
	被災資産の価額	10				
	価値の減少額 (9)－(10)	11				
修繕費用等の見積額	翌期以後の修繕費用等の見積額	12				
	再取得価額等	13				
	未償却残額	14				
	被災資産の価額	15				
	差引見積額 (14)－(15)	16				
費用の見積額((11)、(12)又は(16)のうち多い額)		17				
翌期以後の保険金等の額		18				

第7節　その他の損金

社葬費用の取扱い

Q 100

　D社の創業者である会長が亡くなりました。

　取締役会で社葬を催すことを決議しました。参列者は、得意先や仕入先など事業関係者ばかりでした。この社葬のために要した費用は、どのように処理すれば良いでしょうか。また、参列者から受領した香典は、全額遺族に渡しても問題ないでしょうか。

A

　会長のD社に対する生前の貢献度合いから判断して、福利厚生費等として単純損金とすることが認められると考えます。

　また、参列者から受領した香典は、全額遺族に渡しても問題ありません。

解　説

　法人の役員や従業員が死亡した場合に、社葬を出すことがあります。その場合に、

イ　その社葬を行うことが社会通念上相当であると認められ

ロ　法人が社葬のために支出した費用の額のうち、社葬のために通常要すると認められる金額

は、支出した日の属する事業年度の単純損金とすることが認められます（法基通９－７－19）。

社葬をすることが相当であるかどうかについては、Ｄ社の創業者である会長のＤ社に対する生前の貢献度合いがどの程度であったのかとか、業務中に亡くなったのか、そうではないのかといったことで判断することになると思われます。

ただ、本来遺族が負担すべき次のような費用は、法人が負担すべきではありません。

イ　密葬費用

ロ　納骨費用

ハ　戒名料

ニ　仏壇仏具の購入費用

ホ　墓石の建立費用

ヘ　永代供養料

ト　初七日や四十九日の費用

ところで、参列者が持参した香典の取扱いですが、香典は、法人の収入とはせずに遺族に渡すことも認められます（法基通９－７－19注）。

【参考】

法基通９－７－19

中小企業退職金共済制度の課税関係

Q 101

Ｂ社は、中小企業退職金共済制度に加入して、退職金支給時の資金繰りに充てたいと考えていますが、この制度の課税関係はどのようになるのでしょうか。

Ｂ社が支払った掛け金は単純損金となり、退職共済機構から支払われる退職金は、法人の損益に影響しません。

解　説

1　中小企業退職金共済制度の掛金

中小企業退職金共済制度は、独立行政法人勤労者退職共済機構が運営する制度です。法人が中小企業退職金共済制度に加入して掛け金を支払った場合には、その支払った日の属する事業年度の損金の額に算入されます（令135）が、現実に納付又は払込みをしない場合には、未払金として損金の額に算入することはできません（法基通９－３－１）。

なお、中小企業退職金共済制度には、法人の使用人のほか、法人の役員で、部長、支店長、工場長等のような使用人としての職務を有している使用人兼務役員も対象とすることが認められます（法基通９－３－１（注））。

また、法人が支払う掛金の額は、被共済者である使用人等の給与所得に加算されません（所令64①一）。

2　退職金及び解約手当金

共済機構から支払われる退職金や解約手当金は、共済機構から被共済者である使用人等に直接支払われることになっていますので、法人が収益に計上して退職金相当額を損金の額に算入することはありません。

なお、退職金は支給を受ける使用人等では退職所得とされ、解約手当金は一時所得となりますが、使用人等が掛け金を負担していませんので、一時所得の収入金額から掛金額を差し引くことは認められません。

死亡退職の場合には、共済機構から遺族に退職金が支払われますが、これは相続財産とみなされます。

【参考】

法令135、法基通９－３－１、所令64①一

第12章

組織再編税制

会社分割後に持株割合が100%未満となることが決まっている場合の適格分割の判定

E社は、定時株主総会で会社分割決議を行い、分社型の新設分割により小売事業を分社することになりました。

分割時は、E社の100パーセント子会社としますが、その後、第三者割当て増資を予定しています。増資後のE社の持分割合は、70パーセントとなる見込みであることから、法人税法第2条第12号の11《適格分割》イに該当しなくなることが明らかです。

この場合、直ちに適格分割に該当しないと判断されてしまうのでしょうか

なお、法人税法第2条第12号の11ロの⑴から⑶までの要件は満たしています。

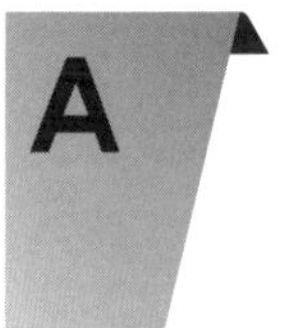

適格分割に該当すると考えます。

解　説

適格分割は、法人税法第2条第12号の11に規定されていますが、ご質問の場合は、100パーセントの持分が継続することが見込まれていませんから、同号イの要件は満たしません。しかし、同法第2条第12号の7の5《支配関係》では、支配関係を「一の者が法人の発行済み株式又は出資の総数又は総額の100分の50を超える数又は金額の株式又は出資を直

接又は間接に保有する…。」と規定しており、ご質問の場合にはこれにより判定することとなります。

一方で、同法第２条第12号の11ロの(1)から(3)までの要件は満たしていますので、100パーセントの持分が分割後に継続することが見込まれていなくても、50パーセントを超える持分が継続することが見込まれ、同法第２条第12号の11ロの(1)から(3)までの要件を満たしている場合には、適格分割に該当すると考えられます。

【参考】
法２十二の十一

第13章

グループ法人税制

グループ法人税制が適用される場合と適用されない場合

Q 103

グループ法人税制のうち、法人による完全支配関係がある場合と個人株主を含む完全支配関係とで適用される制度が異なると聞きましたが、その概要を教えてください。

A

グループ内寄附金の損金不算入又は受贈益の益金不算入の制度は、法人による完全支配関係にある場合に適用されます。

解　説

グループ法人税制は、完全支配関係がある法人間の取引に対しては、資産の譲渡による譲渡損益や贈与、受取配当等などを認識せず、それらの資産等がグループの外に出たときに初めて実現させるという考えに基づく制度です。

完全支配関係とは、発行済株式等の総数の100％を直接又は間接に保有し（され）ている関係又は一の者との間に当事者間の完全支配の関係がある法人相互の関係をいいます（法２十二の七の六）。

完全支配関係がある場合の課税関係は次のとおりです。

①　譲渡損益調整資産に対する譲渡損益の繰延べ（法61の13）

②　寄附金の損金不算入と受贈益の益金不算入（法37②、25の２）

③　受取配当等に対する益金不算入額の計算（法23）

④　適格現物分配制度（法62の５）

⑤　株式の発行法人への譲渡損益の非計上（法61の２⑰）
⑥　大法人の子法人に対する中小企業向け特例の適用制限
などです。

このうち、寄附金の損金不算入と受贈益の益金不算入の制度は、「法人による完全支配関係がある他の内国法人に対して支出した寄附金の額」及び「法人による完全支配関係がある他の内国法人から受けた受贈益の額」と規定されており、グループ法人税制のうち、100％グループ内の法人間の寄附に関する規定は、法人による完全支配関係がある法人間での寄附に限って適用されます。

つまり、法人による完全支配関係にある法人どうしで、一方の法人が他方の法人に対して寄附金を支払い、他方の法人がその寄附金を受け取った場合であっても、寄附金を支払った法人においては、支払った寄附金の額は損金の額に算入されませんし、寄附金を受け取った法人においては、受け取った寄附金の額は益金の額に算入されません。

この制度は、個人株主を含めて完全支配関係があると判定される場合には適用されません。

そこで、法人による完全支配関係がある場合、つまり寄附金の損金不算入及び受贈益の益金不算入制度の適用の有無について簡単に説明します。

図１の場合は、Ａ社とＢ社は法人による完全支配関係にありますので、両社の間における寄附について、この制度が適用されます。

図２の場合は、Ｃ社とＤ社は個人株主を含めたところで完全支配関係にありますから、両社の間における寄附について、この制度は適用されません。

図３の場合は、Ｅ社とＦ社は一の者（法人に限ります。）であるＧ社による完全支配関係にあります。この場合において、Ｇ社は個人により完全支配されていますので、Ｅ社とＦ社の発行済株式の全部をＧ社を通

じて個人が間接に保有することによる完全支配関係があるときであっても、両社の間における寄附について、この制度が適用されます（法基通9－4－2の5）。

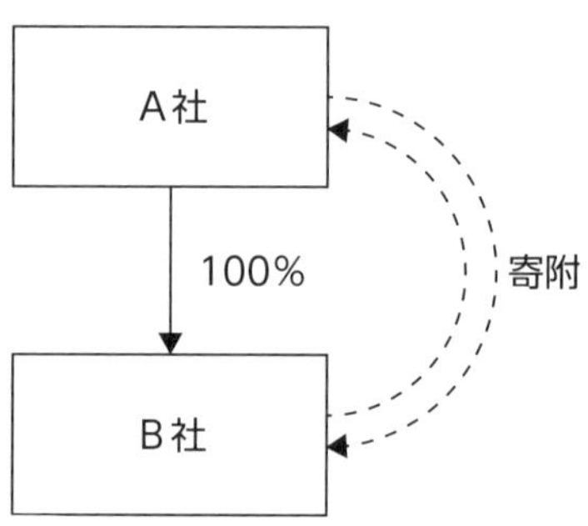

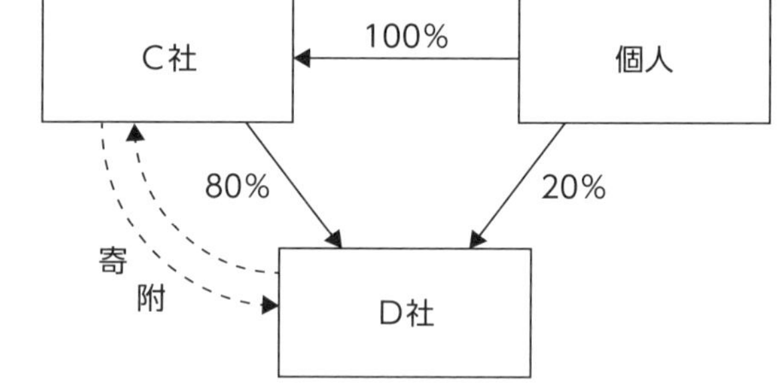

図 3

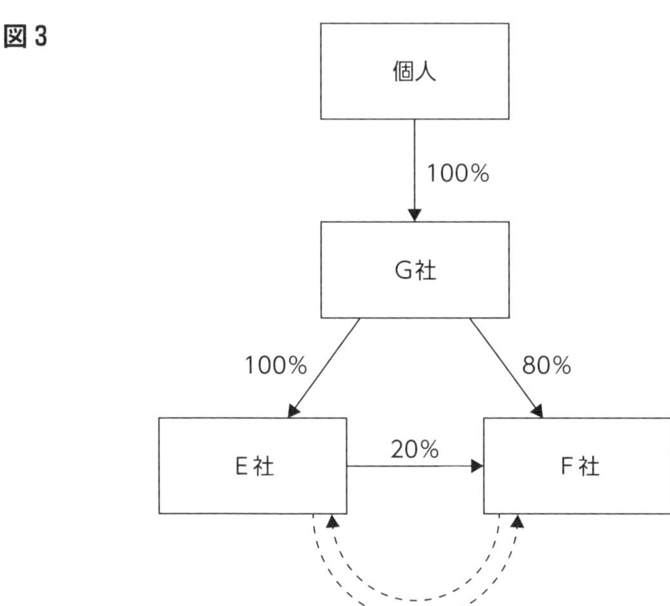

【参考】

法25の２、37、61の13等

第14章

申告・税額計算

第1節　粉飾決算

粉飾決算の修正経理

Q 104

Ａ社（建設業）は、過去10年に渡り、原価の繰延べ（未成工事支出金を毎年１億円ずつ累計10億円）による粉飾決算を行ってきました。

Ａ社は、令和３年３月決算の事業年度で多額の固定資産譲渡益（５億円）が生じたことから、過去５年分の原価の繰延べ分に当たる５億円について修正経理を行いたいと考えていますが、次の点についてどう考えるべきでしょうか。

イ　５億円の修正経理は、法人税法第129条第２項《仮装経理に基づく過大申告の場合の更正の特例》に規定する「当該事実に係る修正の経理」を行ったと認められるでしょうか。

ロ　修正経理は、どの事業年度の粉飾決算の修正経理とみるのでしょうか。

A

イについて

法人税法第129条第２項に規定する修正経理に該当すると考えます（修正経理が行われたかどうかは、課税上弊害がない限り、各事業年度ごとに判断されると考えます。）。

ロについて

令和３年３月決算の申告後（申告期限経過後）に税務当局

が更正する場合、過去５事業年度のうち古い事業年度から順次修正経理があったとみるのが相当であると考えます（令和２年３月決算まで充当しても、なお残高がある場合には、６年前の事業年度以前分と見ますが、減額更正処分ができるのは法定申告期限から５年間とされていますから、その事業年度は減額更正することが不可能です。）。

解　説

まず、粉飾決算（10億円）のうち、一部（５億円）について行った修正経理は、法人税法第129条第２項に規定する修正経理と認められるかについて検討します。

法人税法第129条第２項の規定によれば、法人が「当該事実に係る修正の経理をし、かつ、当該修正の経理をした事業年度の確定申告書を提出するまでの間は、（税務署長は）更正をしないことができる。」とされており、実務においては、更正しないこととされています。その修正の経理の程度については、損益計算書において特別損失等として明確に認識できる程度の修正経理をすることが求められます。また、修正経理の金額規模については、調査等で把握できた金額と比較して相当程度（ほとんど大部分）が修正経理されていれば、修正経理がなされたと認められると解されます。

仮装経理の修正が相当程度行われたかどうかの判断については、法人税法第129条第２項で「各事業年度の所得の金額又は各連結事業年度の連結所得の金額が当該事業年度又は連結事業年度の課税標準とされるべき所得又は連結所得の金額を超えている場合…」と規定されているとおり、減額更正を留保するのは粉飾決算を行った各事業年度であることから、課税上の弊害がない限り、各事業年度単位で判定して差し支えないと考えます。

次に、複数の事業年度において連続して粉飾決算が行われてきた場合に、その一部分について修正経理がなされた場合には、どの事業年度の修正経理をしたと見るのかについて検討します。

粉飾決算について、修正経理がなされない限り減額更正しないことができると規定された趣旨は、粉飾決算をして過大に納付した税額を、本来の財務諸表において修正して初めて、その他一般の計算誤り等による善意の納税者と同列に取り扱うということにあるので、修正経理後においては、一般の納税者が誤って過大に所得を申告した場合と同様に、その過大額を減額更正するということであると考えられます。

ご質問のように、複数の事業年度において粉飾決算が行われ、その修正経理がどの事業年度分であるか明らかでない場合には、本来納付されるべきでない税金が納付されたのであるから、その還付等に当たっては納税者にとって有利となるよう、原則として古い事業年度から（更正の期間の制限の適用がある場合には、減額更正できる範囲内における古い事業年度から）修正経理があったとして減額更正するのが相当であると考えます。

なお、未成工事支出金の過大計上の場合、各事業年度末の残額がどの事業年度のものなのかということが問題となりますが、仮装経理は元々事実がないにもかかわらず、その事実があったかの如く仮装するものですから、仮にその相手先、その内容等に形式的な異動があったとしても、それをもって修正経理があったかどうかを判断することは適当でなく、各事業年度末における未成工事の架空計上額の対比によって判断するしかないと考えます。

したがって、新たな事業年度において仮装経理があったと考えるのではなく、仮装経理を開始した事業年度後の各事業年度においては、前事業年度以前の仮装経理の引継ぎがあったとみるのが相当であると考えます（このことは未成工事支出金について毎期洗替え経理を行っている場合においても同様です。)。

ところで、納付すべき税額を減少させる更正は、その更正に係る法人税の法定申告期限から５年を経過する日まですることができますが（通法70②)、６年前の事業年度は手が届かないことになります。

【参考】

通法70②、法129

第2節　使途秘匿金課税

使途秘匿金の支出先が税務調査で明らかになった場合の使途秘匿金課税

Q 105

税務調査を受けたＢ社は、損金の額に算入した情報提供料の支出先を明らかにすることを拒んでいます。

ところが、同時期に別の税務調査を受けたＣ社が、Ｂ社の使途秘匿金の支払先であることが判明し、Ｃ社で課税漏れとなっていたＢ社から受領した情報提供料は、Ｃ社で課税されることになりました。

この場合、Ｂ社は支払先を明らかにしないので、使途秘匿金課税がなされるのでしょうか。

A

使途秘匿課税がなされるものと考えます。

解　説

使途秘匿金課税制度の趣旨は、相手先を秘匿するような支出は、違法ないし不当な支出につながりやすく、それがひいては公正な取引を阻害することにもなりかねないので、そのような支出を極力抑制するために、政策的に支出側に追加的な税負担を求めることとされたもので、こうした不明朗な支出が抑制されれば、それだけその支払先に対する課税が適正に行われるであろうということです。

ご質問の場合、その支出先が相手方からとはいえ明らかになり、その支出先に対して課税が行われることになるので、制度の目的が達成されることになります。このことは、真実の所得者に対して、適正な課税が行われるということになり、法人税法の趣旨にもかなうことでもあります。

ところが、使途秘匿金課税制度は、対象となる金銭等を支出した日の属する事業年度の終了の日において帳簿に記載していない場合に適用されます（措法65⑤、措令38①）。また、対象となる金銭の支出の相手方の氏名等が法人の確定申告書の提出期限までに帳簿書類に記載された場合には、事業年度終了の日までに記載されたものとされます（措令38②）が、税務調査の段階で判明した場合は、いずれにも該当しないので課税対象となるものと考えます。

なお、使途秘匿金課税制度や交際費課税制度は、行為課税で代替課税の性格はないと説明されており、交際費の支出の相手方において課税されていてもいなくても関係なく、支出側において課税される制度です。

【参考】

措法62、措令38

第3節 修正申告

自主的に７事業年度分の修正申告を提出する場合の取扱い

Q 106

Ｄ社は、過去から法人税法の解釈を誤っていたことに気付き、自主的（調査及び調査の通知なし）に７事業年度分の修正申告書を提出することにしましたが、そのまま受け付けてもらえるでしょうか。

A

修正申告書は、国税の徴収権が時効により消滅している場合には提出することができません。

したがって、６年前及び７年前の事業年度の修正申告書は、受理されません。

解　説

法人税の納税義務は、事業年度終了の時に成立し（通法15②三）、確定申告書を提出することにより、具体的に納税義務が確定します。

確定申告書は、その申告期限が定められていますが、修正申告書は、既に行った確定申告等の内容を自ら増額修正するものであることから、その提出は任意であり、かつ、提出期限は法定されていません。

しかし、国税の徴収権が消滅した場合には、納税義務そのものが消滅してしまうため、その段階で修正申告ができないことになります。

この場合の徴収権の消滅時効は、原則として法定納期限から５年以内とされています（通法72①）が、偽りその他不正の行為により全部又は一部の税額を免れていた場合には、法定納期限から２年間は時効が進行しないこととなっています（通法73③）ので、修正申告が偽りその他不正の行為による過少な当初申告の修正と認められる場合には７年間提出することができ、それ以外の場合は５年分しか提出することができません。

Ｄ社が提出する修正申告書は、税法解釈の誤りに基づく修正申告ですから、５年前までの事業年度の修正申告書は有効なものとして受理されますが、６年前と７年前の事業年度の修正申告書は、受理されません。

ただ、窓口でそのまま７事業年度分の修正申告書が受理されてしまった場合には、追加納付した６年前と７年前の事業年度分の修正税額が誤納税額として還付されるものと思われます。

【参考】

通法72①、73③

税務調査において修正申告すべき内容の金額基準

Ｅ社は、この度税務調査を受け、いくつかの指摘を受けました。指摘の内容な主に次のとおりです。

イ　売上げの繰延べ…決算末に得意先に納品した商品の売上げが計上漏れとなっていたもので、既に、今期の売上げに計上されているもの５万円

ロ　棚卸計上漏れ…期末に仕入れ積送品となっていた商品が棚卸商品として計上漏れとなっていたもの100万円

ハ　役員賞与の損金不算入額…代表者の個人的な費用をＥ社が負担していたもの３万円

この場合、ロの棚卸計上漏れは当然修正申告しますが、イとハは少額であり、税務署の内規で修正申告しなくて差し支えないと耳にしたことがありますが、いかがでしょうか。

そのような内規は存在しませんので、いずれの内容についても修正申告が必要であると考えます。

解　説

税務調査で否認すべき事項が発見された場合、更正処分がなされるか、更正処分に代えて修正申告書を提出することになります（通法19①）。

この場合において、過去には、否認事項がいわゆる「仮装又は隠ぺいによる」ものでない場合で、棚卸資産の評価減の否認や棚卸資産の付随費用の計上漏れや作業くず・貯蔵品の計上漏れや減価償却超過額、引当金の繰入れ限度超過額などに該当する場合で、その否認すべき金額が、勘定科目ごとにおおむね５万円以下である場合には、強いて否認しなくて差し支えないとの取扱いがなされていたようです。

この取扱いが適用されるとした場合には、ご質問のイが該当する訳ですが、このような取扱いは、既になされていないようですから、現在では、指摘を受けた事項については、金額の多寡にかかわりなく修正申告することになります。

【参考】

通法19①

第4節　中小企業の優遇税制

中小企業の優遇税制の適用…中小法人と中小企業者とみなし大企業と大規模法人

Q 108

Ｆ社は、資本金5,000万円の株式会社ですが、法人税の確定申告をするに当たり、各種の優遇措置が用意されているようですが、自社が中小法人や中小企業者に該当するのかどうかについて教えてください。

A

中小法人と中小企業者とみなし大企業と大規模法人の内容については、次に説明することを参考にしてください。

解　説

中小企業者等には様々な税制上の優遇措置が用意されています。しかし、表面上は資本金が少額であっても、実際には大企業のグループ企業であったりする場合もあり、そのような法人に税制上の優遇措置を適用させることが適当なのかといった観点から、最近では、中小企業者等の範囲に関して様々な用語が使い分けられており、非常に複雑になっています。

中小企業者等の範囲と適用できる主な制度について説明します。

❶　下記①及び②の制度の適用対象となる中小企業者等は、

イ　普通法人のうち各事業年度終了の時において資本金の額若しくは出資金の額が１億円以下であるもの若しくは資本若しくは出資を有しないもの又は人格のない社団等（措法42の３の２①一）

ロ　一般の社団法人等又は法人税法以外の法律によって公益法人等とみなされている一定の法人（措法42の３の２①二）

ですが、イ及びロの法人のうち、各事業年度終了の時において次の(イ)又は(ロ)に該当する法人は、これらの特例を適用することができません。

(イ)　資本金の額又は出資金額が５億円以上である「大法人」の100％子法人（法66⑥二）

(ロ)　100％グループ内の複数の「大法人」に発行済株式の全部を保有されている法人（法66⑥三）

①　中小企業者等に対する年800万円以下の所得に係る軽減税率（19％）を15％に引き下げる特例制度（法66②、措法42の３の２①②）

②　中小企業者等の貸倒引当金の特例（措法57の９）

❷　下記①から⑨までの制度の適用対象となる中小企業者は、資本金の額又は出資金の額が１億円以下の法人と資本又は出資を有しない法人のうち常時使用する従業員の数が1,000人以下の法人をいいますが、次の法人は除かれます（措法42の４⑧七、措令27の４⑫）。

また、一部の制度の適用対象には、農業協同組合等が含まれます。

イ　発行済株式又は出資（自己株式又は自己出資を除きます。）の総数又は総額の２分の１以上が同一の「大規模法人」に保有されている法人

※　「大規模法人」とは、

(イ) 資本金の額若しくは出資金の額が１億円を超える法人

(ロ) 資本若しくは出資を有しない法人のうち常時使用する従業員の数が1,000人を超える法人

(ハ) 資本金の額又は出資金の額が５億円以上である「大法人」の100％子法人

(ニ) 100％グループ内の複数の「大法人」に発行済株式の全部を保有されている法人

ロ　その発行済株式又は出資の総数又は総額の３分の２以上が複数の「大規模法人」に所有されている法人

① 中小企業者の試験研究費に係る法人税額の特別控除制度（措法42の４④）

② 高度省エネルギー増進設備等を取得した場合の特別償却又は法人税額の特別控除制度（措法42の５②）

③ 中小企業者等が機械等を取得した場合の特別償却又は法人税額の特別控除制度（措法42の６）

④ 特定中小企業者等が経営改善設備を取得した場合の特別償却又は法人税額の特別控除制度（措法42の12の３①）

⑤ 中小企業者等が特定経営力向上設備等を取得した場合の特別償却又は法人税額の特別控除制度（措法42の12の４①）

⑥ 中小企業者等が給与等の引上げを行った場合の法人税額の特別控除制度（措法42の12の５②）

⑦ 被災代替資産等の特別償却の割増制度（措法43の３①②）

⑧ 特定事業継続力強化設備等の特別償却制度（措法44の２①）

⑨ 中小企業者等の少額減価償却資産の取得価額の損金算入の特例制度（措法67の５①）

❸ その法人の過去３事業年度の平均所得金額が15億円を超える場合には、適用除外事業者として、次の制度を適用することができません。

① 中小企業者等の法人税率の特例（15%）制度（措法42の３の２①②）

② 中小企業者の試験研究費に係る法人税額の特別控除制度（措法42の４④）

③ 高度省エネルギー増進設備等を取得した場合の特別償却又は法人税額の特別控除制度（措法42の５②）

④ 中小企業者等が機械等を取得した場合の特別償却又は法人税額の特別控除制度（措法42の６①）

⑤ 特定中小企業者等が経営改善設備を取得した場合の特別償却又は法人税額の特別控除制度（措法42の12の３①）

⑥ 中小企業者等が特定経営力向上設備等を取得した場合の特別償却又は法人税額の特別控除制度（措法42の12の４①）

⑦ 中小企業者等が給与等の引上げを行った場合の法人税額の特別控除制度（措法42の12の５②）

⑧ 被災代替資産等の特別償却の割増制度（措法43の３①②）

⑨ 特定事業継続力強化設備等の特別償却制度（措法44の２①）

⑩ 産業振興機械等の割増償却制度（措法45②）

⑪ 中小企業等の貸倒引当金の特例制度（措法57の９）

⑫ 中小企業者等の少額減価償却資産の取得価額の損金算入の特例制度（措法67の５①）

【参考】

法52、66、措法42の３の２等

第5節 加算税

税務調査の調査通知を受けた直後に修正申告した場合の加算税

Q 109

G社は、所轄の税務署から法人税等の実地調査をするという調査通知の電話を受けました。経理ミスにより所得金額を過少に申告していたことに気付いていた経理担当者は、社長に相談して、過少申告分を調査の着手日までに修正申告しました。この場合、加算税は賦課されるのでしょうか。

A

税務調査の調査通知を受けた後で提出した修正申告に対しては、調査による更正を予知したものでない場合には、5％の過少申告加算税が賦課されます。

解　説

従来は、税務調査があったことにより、更正があることを予知して提出した修正申告でない場合には、加算税は賦課されませんでした。現場では、税務調査を受けている最中に、過少申告の原因となっている項目について調査担当者の指摘を受ける前に、その項目について調査中に修正申告した場合であっても、加算税の賦課決定処分が取り消された裁判事例もありました。

このように、税務調査の調査通知を受けた後で、法人が多額の自主修正申告を提出することで、加算税を免れることがありましたので、平成28年度の税制改正で、税務調査の調査通知がなされた後に修正申告書が

提出された場合には､過少申告加算税が賦課されることになりました(通法65⑤)｡

この場合の税務調査の調査通知の内容は、次のとおりです（通法74の９）。

イ　質問検査等を行う実地の調査（以下「調査」といいます。）を開始する日時

ロ　調査を行う場所

ハ　調査の目的

ニ　調査の対象となる税目

ホ　調査の対象となる期間

ヘ　調査の対象となる帳簿書類その他の物件

ト　その他調査の適正かつ円滑な実施に必要なものとして政令で定める事項

税務調査の調査通知がなされた後に修正申告書が提出された場合で、かつ、調査による更正を予知したものでないときは、修正申告で納付すべき税額の５％（期限内申告税額と50万円のいずれか多い額を超える部分は10％）の過少申告加算税が賦課されます。

なお、税務調査の調査通知がなされる前に自主的に提出された修正申告に対しては、加算税は賦課されません。

【参考】

通法65①⑤、74の９、74の10、通令30の４

現場の責任者が架空外注費の計上を主導していた場合の重加算税

Q 110

ゼネコンのH社は税務調査を受けていますが、ダムの建築工事に係る外注費を地元の業者に過大に請求させ、バックさせた資金を現場で地元対策費等として費消していることが判明しました。社内で調査したところ、これらは全て現場監督である従業員甲が考えて実行したもので、本社の経理セクションでは、現場監督甲から回付されてくる伝票に従って外注費を支払っていました。

この不正行為は、H社において社内コンプライアンス改善の取組の最中に行われたことで、担当役員の監視の目をくぐり抜けた巧妙な手口で行われたものです。

このような場合に、この架空外注費についてH社に重加算税が賦課されるのでしょうか。

今回の不正行為が使用人甲の単独行為であって、H社の行為でないと認められる場合は、重加算税は賦課されない可能性があると考えます。

解　説

重加算税が賦課される場合として、「納税者がその国税の課税標準等又は税額等の計算の基礎となるべき事実の全部又は一部を隠ぺいし、又は仮装し、その隠ぺいし、又は仮装したところに基づき納税申告書を提出していたときは、…重加算税を課する。」（通法68①）と規定されています。この場合の主語は「納税者が」で、法人税の場合は「法人が」ということになります。

法人の役員が不正な行為をしていた場合には、当然に法人の行為であると認められるでしょうが、使用人が不正の行為をした場合はどうでしょう。使用人が勝手にした行為であるから、常に法人の行為にはならないということではないでしょう。

法人の役員には法人の経営に関して善管注意義務がある訳ですから、役員として使用人の不正の行為に目を光らせる責務があります。

ご質問の場合には、H社において社内コンプライアンス改善の取組の最中に行われたことで、担当役員の監視の目をくぐり抜けた巧妙な手口で行われたものであるとのことですが、そのとおりであれば、担当役員の責務を超越したレベルで使用人である現場監督甲が独断で行った不正な行為であり、A社の行為と同視できないと判断することができますので、重加算税を賦課できないとの判断がなされる可能性があると考えます。

【参考】

通法68①

ホテルの総料理長が食材の納入業者から裏リベートを受け取っていた場合

Q 111

ホテルを運営するＡ社が税務調査を受け、ホテル内のレストランの運営を任されている総料理長が食材の納入業者から長年に渡り裏リベートを受け取っていたことが発覚しました。このリベートをＡ社で受け入れ雑収入除外として重加算税の対象となるのでしょうか。

A

レストランの運営を任されている総料理長の行為ですから、Ａ社の行為と同視され、Ａ社の雑収入除外として重加算税が賦課される可能性が高いと考えます。

解　説

資産又は事業から生ずる収益の法律上帰属すると認められる者が単なる名義人であって、その収益を享受せず、その者以外の法人がその収益を享受する場合には、その収益は、これを享受する法人に帰属するものとして、法人税法を適用する（法11）と規定されています。

旅館、飲食業を営む法人の料理長が税務調査で食材の納入業者からリベートを受け取っていたことが発覚し、そのリベートが法人に帰属するかどうかが争われた裁判では、

①　リベートを受領した者の法律上の地位、権限について検討するとともに

②　その者が単なる名義人として実質的には法人がそのリベートを受領していると見ることができるかどうか

を検討することが相当であると判示しています（仙台地裁平24.2.29）。

この裁判においては、

イ　法人の食材の仕入れに関しては入札制度を導入していることなどから、料理長には食材の発注権限がない。

ロ　就業規則上リベートの受領が禁止され、従業員に周知されていた。

ハ　リベートの授受は人目につかない場所で行われていた。

ニ　料理長は自己の判断でリベートを費消していた。

ことから、料理長が法人に代わって単なる名義人としてリベートを受領したとは認められず、法人には帰属しないと判断しました。

お尋ねの場合には、上記のロ、ハ、ニの事実があったかどうかが明らかではありませんが、少なくとも総料理長がホテル内のレストランの運営を任されている以上、食材の納入業者にとっては、総料理長がホテルのレストラン、つまりＡ社の窓口であると認識してリベートを支払っていたと想定されます。

そうしますと、レストランの運営を任されている総料理長の行為ですから、Ａ社の行為と同視され、Ａ社の雑収入除外として重加算税が賦課される可能性が高いと考えます。

【参考】

法11

書面添付法人の意見聴取後に修正申告書を提出した場合の加算税

Q 112

税理士の甲は、書面添付して提出した顧問先C社の法人税及び消費税の確定申告書につき、所轄の税務署で意見聴取を受けました。その中で、申告内容を再確認してみたところ、所得計算に誤りがあることが判明しましたので、調査の事前通知を受ける前に自主的に修正申告書を提出しましたが、この場合の加算税はどうなるのでしょうか。

A

調査の事前通知が行われる前に自主的に修正申告書を提出した場合には、過少申告加算税は賦課されません。

解　説

国税通則法には、「期限内申告書が提出された場合において、修正申告書の提出又は更正があったときは、当該納税者に対し、その修正申告又は更正に基づき納付すべき税額に100分の10の割合（修正申告書の提出が、その申告に係る国税についての調査があったことにより当該国税について更正があるべきことを予知してされたものでないときは、100分の５の割合）を乗じて計算した金額に相当する過少申告加算税を課する。」と規定されています（通法65①）。

一方、「第１項の規定は、修正申告書の提出が、その申告に係る国税についての調査があったことにより当該国税について更正があるべきことを予知してされたものでない場合において、その申告に係る国税についての調査に係る調査通知がある前に行われたものであるときは、適用しない。」（通法65⑤）とも規定されています。

つまり、調査着手前であっても、調査通知を受けた後で提出した修正申告書に基づき納付すべき税額に対しては５％の過少申告加算税が賦課されますが、更正を予知せず、調査通知がある前に自主的に提出された修正申告に基づき納付すべき税額に対しては、過少申告加算税は賦課されないということです。

では、書面添付した法人税及び消費税の確定申告書につき意見聴取があった後で調査通知を受けるまでの間に修正申告書を提出した場合はどうなるのでしょうか。

意見聴取における質疑等にのみ起因して修正申告書が提出されたとしても、当該修正申告書の提出は更正があるべきことを予知してされたものには当たらない（国税庁「書面添付制度について」５Q&Aの問４）とされ、それが調査通知の前に提出されたのであれば、加算税の対象とはならないと判断されます。

【参考】

通法65

減額更正があった後の増額更正の場合の加算税

Q 113

D社は、当初、納付税額を100とする法人税の確定申告書を提出しましたが、申告内容に誤りがあるとのことで、税務署から納付税額を40とする減額更正処分を受けました。

その後、D社は税務調査を受け、納付税額を120とする増額の再更正処分を受けました。この場合、調査による加算税の対象となる税額はいくらになるのでしょうか。

A

調査による再更正処分による納付税額120が、当初申告で納付税額とされた100を超える部分の20が加算税の対象となります。

解　説

国税通則法第65条《過少申告加算税》第４項第２号には、加算税の対象となる税額から控除される税額として次のように規定されています。

二　第１項の修正申告又は更正前に当該修正申告又は更正に係る国税について期限内申告書の提出により納付すべき税額を減少させる更正その他これに類するものとして政令で定める更正（更正の請求に基づく更正を除く。）があった場合……当該期限内申告書に係る税額（還付金の額に相当する税額を含む。）に達するまでの税額

つまり、調査による増額の再更正処分（120）を受ける前に当初申告額（100）を40とする減額更正処分が行われた場合には、100で申告した

ものが一旦40まで60減額されたことについてD社に責任はないので、再更正の追加税額の80（120－40）のうち、当初申告額の100に達するまでの60については、加算税の対象にはならないということです。

したがって、お尋ねの場合は、調査による再更正処分による納付税額120が、当初申告で納付税額とされた100を超える部分の20が加算税の対象となります。

ただし、納付税額を40とする減額更正処分がD社の更正の請求によるものであった場合には、再更正の追加税額の80（120－40）のうち、当初申告額の100に達するまでの60についても、D社に責任がありますから調査による加算税の対象となります。

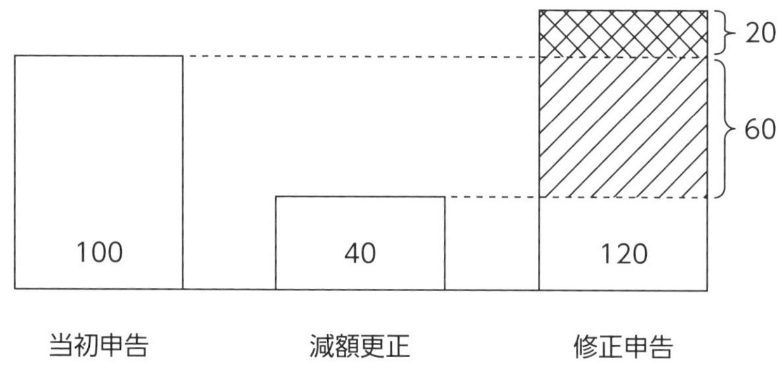

【参考】

通法65

欠損金額の繰越しによる重加算税の賦課年度

Q 114

E社の申告状況は次のとおりです。

事業年度	所得金額
n１期	△１,000 ⇒△600（売上除外300、交際費等の損金不算入額100）
n２期	0　（控除前所得400－繰欠控除400） ⇒0　（控除前所得400－繰欠控除400）
n３期	0　（控除前所得550－繰欠控除550） ⇒350（控除前所得550－繰欠控除200）

E社は税務調査を受け、n１期で売上除外300（重加算税対象）と交際費等の損金不算入額100（過少申告加算税対象）が把握され、n２期とn３期は問題点がありませんでした。

このような場合に、黒字に転換したn３期の加算税はどのように賦課されるのでしょうか。

n３期において、増差所得金額350のうち300に対して重加算税が賦課され、増差所得金額50に対して過少申告加算税が賦課されます。

解　説

青色欠損金の繰越控除制度等により欠損金額の繰越控除を行っている場合、仮装・隠蔽の不正計算が行われた事業年度と実際に課税所得が発生して重加算税が賦課される事業年度が異なる場合が起こります。

この点、「法人税の重加算税の取扱いについて（平12課法２－８、最終改正平28.12.12)」の第１《賦課基準》の５《隠蔽仮装に基づく欠損金額の繰越しに係る重加算税の課税年度》には、「前事業年度以前の事業年度において、不正事実に基づき欠損金額を過大に申告し、その過大な欠損金額を基礎として欠損金額の繰越控除をしていた場合において、その繰越控除額を否認したときは、その繰越控除をした事業年度について重加算税を課すことになる。」とし、また、「欠損金額の生じた事業年度は正しい申告であったが、繰越欠損金額を控除した事業年度に不正事実に基づく過少な申告があり、その後の事業年度に繰り越す欠損金額が過大となっている場合に、当該その後の事業年度において過大な繰越欠損金額を基礎として繰越控除をしているときも同様とする。」とその取扱いが定められています。

また、同事務運営指針第３《重加算税の計算》の２《重加対象所得の計算》の⑶では、「過大に繰越控除をした欠損金額のうちに、不正事実に基づく過大控除部分と不正事実以外の事実に基づく過大控除部分がある場合には、過大に繰越控除をした欠損金額は、まず不正事実に基づく過大控除部分の欠損金額から成るものとする。」とも定めています。

お尋ねの場合、税務調査によってｎ１期で売上除外300（重加算税対象）と交際費等の損金不算入額100（過少申告加算税対象）が把握されたことから、ｎ１期から繰り越すべき正しい青色欠損金額は600となります。その結果、ｎ３期で控除した欠損控除額が350だけ過大となり、ｎ３期の正しい所得金額は350となりました。

この過大な欠損金控除額350は、売上除外の不正事実に基づく過大控除部分と交際費等の損金不算入額の不正事実以外の事実に基づく過大控除部分がある場合に該当します。

このような場合は、過大な欠損金控除額350は、まず不正事実に基づく過大控除部分の欠損金額から成るものとされますから、ｎ３期の350のうち300が重加算税対象とされ、残額の50（350―300）は過少申告加算税の対象となります。

【参考】

平12課法2－8

調査で消費税等の修正申告をした場合の跳ね返り法人税の加算税

Q 115

法人が消費税等の経理処理について税抜経理方式によっている場合、簡易課税制度を適用しているときや、原則課税を適用する場合で課税売上割合が100％でない場合には、その課税期間の仮受消費税額等から仮払消費税額等を差し引いた金額と納付すべき消費税額等とに差額が生じます。その差額は、法人税の所得金額の計算において益金の額又は損金の額に算入されます。

法人が税務調査を受けて、売上除外を指摘され消費税等の修正申告をする場合、調査後の仮受消費税額等と仮払消費税額等の差額と修正申告で追加納付する消費税額等との差額は、重加算税の対象とされるのでしょうか。

A

簡易課税制度を適用することによる差額は重加算税対象となり、原則課税の場合の控除対象外消費税額等の過大損金算入額は重加算税の対象とはなりません。

解　説

消費税等の経理処理について税抜経理方式によっている法人が簡易課税制度を適用（第三種事業でみなし仕入れ率を70％とします。）している場合に、税務調査により1,100万円（消費税10％込み）の課税売上げの除外を指摘されたとしたら、消費税等の修正申告による追徴税額は30（100－100×0.7）です。

この場合、仮受消費税額等100と追加納付税額30との差額である70は、法人の益金の額に算入することになります（平元.３.１直法２－１「消費税法等の施行に伴う法人税の取扱いについて」６）。

この70は、課税売上げの除外によって必然的に生じる所得ですから、不正事実に基づくものであり、法人税の追徴税額には重加算税が賦課されます。

同じく消費税等の経理処理について税抜経理方式によっている法人で原則課税の場合で、課税売上げの除外が把握されると、その結果課税売上割合が増加し控除対象外消費税額等が減少して、法人税の所得金額の計算において控除対象外消費税額等の損金算入額が過大であったということが生じます。

この場合の控除対象外消費税額等の過大損金算入額は、納付すべき消費税額等の計算過程で発生する跳ね返り増差であり、隠蔽・仮装との関連が薄いと認められますから、法人税の重加算税の対象とはされません。

【参考】

平元直法２－１

調査で交際費等の損金不算入額の計上漏れが把握された場合の控除対象外消費税額等の損金不算入額の加算税

Q 116

F社は、消費税等の経理処理について税抜経理方式を採用していますが、税務調査で課税取引である福利厚生費の中に交際費等に該当する取引があるとの指摘を受けました。また、その一部については、仮装取引に該当するとして重加算税の対象となるとのことです。

この場合、交際費等の損金不算入額が発生したことに伴い、交際費等に係る控除対象外消費税額等の損金不算入額が発生する場合には、その金額にも重加算税が賦課されるのでしょうか。

交際費等に係る控除対象外消費税額等のうち、不正事実に基づく部分の金額に対しては重加算税が賦課されます。

解　説

法人が消費税等の経理処理について税抜経理方式によっている場合、交際費等の損金不算入額を計算する際の交際費等の金額には、交際費等に係る控除対象外消費税額等も含めて計算します（平元.3.1直法2-1「消費税法等の施行に伴う法人税の取扱いについて」12の注2）。

したがって、課税取引である福利厚生費のうち交際費等に該当する金額がある場合には、その交際費等に該当する金額に係る控除対象外消費税額等も交際費等の損金不算入の対象となります。

そのうち不正事実に基づく部分の金額とそれ以外の金額がある場合には、修正申告する際の課税売上割合に基づき、不正事実に基づく交際費等に係る控除対象外消費税額等と不正事実に基づかない交際費等に係る控除対象外消費税額等に区分します。それぞれが重加算税と過少申告加算税の対象となります。

【参考】

平元直法２－１

第2編

消費税

第1章

消費税額の計算

中小事業者の消費税額の計算の特例（小売等軽減仕入割合の特例）

Ａ社は、飲食料品と雑貨の小売店と印刷業を営んでいます。当課税期間の消費税の税額を計算するに当たり、小売業の売上金額を標準税率と軽減税率とに区分経理できていませんので、中小事業者の税額計算の特例（経過措置）のうち小売等軽減仕入割合の特例を適用することを考えています。

小売等軽減仕入割合を計算する際に、分母となる「課税仕入れ等の合計額のうち、卸売業又は小売業にのみ要するものの金額の合計額（税込み）」は、小売業のために仕入れた棚卸資産の課税仕入れの金額だけをいうのでしょうか、それとも、小売業のために支出した家賃や光熱費なども含めた課税仕入れの金額をいうのでしょうか。

小売業のために仕入れた棚卸資産の課税仕入れの金額に加えて小売業のために支出した家賃や光熱費なども含めた課税仕入れの合計額をいうものと考えます。

解　説

消費税の軽減税率が導入されたことに伴い、課税資産の譲渡等の税込金額を税率ごとに区分経理して合計することにつき困難な事情がある中小事業者（基準期間の課税売上高が5,000万円以下の事業者をいいます。）を対象とする税額計算の特例（経過措置）が用意されています。

そのうち、課税売上げの税込みの金額を軽減税率適用売上げの額と標準税率適用売上げの額とに区分する計算方法の一つに、「小売等軽減仕入割合の特例」があります。

この制度は、令和元年10月１日から令和５年９月30日までの適用期間を含む課税期間で適用することができますが、その課税期間の卸売業又は小売業の課税売上げ（税込み）の総額をその課税期間の卸売業又は小売業に係る課税仕入れ等（税込み）に占める軽減税率の対象となる売上げのみに要する課税仕入れ等（税込み）の割合（小売等軽減仕入割合）で按分する方法です。

この小売等軽減仕入割合を計算するときの分母の金額は、「課税仕入れ等の合計額のうち、卸売業又は小売業にのみ要するものの金額の合計額（税込み）」とされており、ご質問のように、卸売業又は小売業のために仕入れた棚卸資産の課税仕入れの金額だけをいうのか、それとも、卸売業又は小売業のために支出した家賃や光熱費なども含めた課税仕入れの金額をいうのかという疑問が生じます。

この点、分母は「課税仕入れ等の合計額のうち、…」と規定するのみで、「棚卸資産に係る課税仕入れの額」であるとか、「経費の支払や固定資産の取得に係る課税仕入れ以外の」などといった制限を設ける規定振りではありませんから、その課税期間において行った課税仕入れの額の全体が対象となるということだと考えます。

したがって、小売等軽減仕入割合を計算する際の分母の金額は、卸売業又は小売業のために仕入れた棚卸資産の課税仕入れの金額に加えて卸売業又は小売業のために支出した家賃や光熱費なども含めた課税仕入れの金額全体をいうものと考えます。

ところで、その課税期間全体の課税仕入れの金額のうち、卸売業又は小売業にのみ要するものの金額と、卸売業又は小売業以外の事業にのみ要するものと、両方に共通して要するものの合計額（税込み）は、どのようにして抽出するのでしょうか。この点については、課税仕入れの金額の計算につき個別対応方式（消法30②一）を採用している場合の課税仕入れの額を課税資産の譲渡等にのみ要するもの、その他の資産の譲渡等にのみ要するもの及び課税資産の譲渡等とその他の資産の譲渡等に共通して要するものに区分する方法を参考にするなど、各課税事業者の営業実態に即して、合理的に配賦することになるものと考えます。

【参考】

平成28年改正法附則38②

第5-(2)号様式

課税資産の譲渡等の対価の額の計算表〔小売等軽減仕入割合を使用する課税期間用〕　売上区分用

軽減対象資産の譲渡等(税率6.24%適用分)を行う事業者が、適用対象期間中に国内において行った卸売業及び小売業に係る課税資産の譲渡等(免税取引及び旧税率(6.3%等)が適用される取引は除く。)の税込価額を税率の異なるごとに区分して合計することにつき困難な事情があるときは、この計算表を使用して計算をすることができます(所得税法等の一部を改正する法律(平成28年法律第15号)附則38②)。

以下の①～⑬欄に、当該適用対象期間中に行った取引について記載してください。

課税期間	・・～・・	氏名又は名称	
適用対象期間	・・～・・		

			事業の区分ごとの計算 ( )	( )	合計
卸売業及び小売業に係る課税取引	課税仕入れに係る支払対価の額（税込み）	①	円	円	
	特定課税仕入れに係る支払対価の額×110／100 （経過措置により旧税率が適用される場合は×108／100）	②			
	保税地域から引き取った課税貨物に係る税込引取価額	③			
	課税仕入れに係る支払対価の額等の合計額 （①＋②＋③）	④			
	④のうち、軽減対象資産の譲渡等(税率6.24%適用分)にのみ要するものの金額（税込み）	⑤			
	小売等軽減仕入割合 （⑤／④）（※1）	⑥	〔　%〕 ※端数切捨て	〔　%〕 ※端数切捨て	
	課税資産の譲渡等の税込価額の合計額	⑦	円	円	
	軽減対象資産の譲渡等(税率6.24%適用分)の対価の額の合計額（税抜き） （⑦×⑤／④×100／108）（※1）	⑧			円
	軽減対象資産の譲渡等以外の課税資産の譲渡等(税率7.8%適用分)の対価の額の合計額（税抜き） （（⑦－（⑦×⑤／④））×100／110）（※1）	⑨			

（※1）主として軽減対象資産の譲渡等(税率6.24%適用分)を行う事業者が、小売等軽減仕入割合の算出につき困難な事情があるときは、「50／100」を当該割合とみなして計算することができる。その場合は、①～⑤欄は記載せず、⑥欄に50と記載し、⑧及び⑨欄の金額の計算において、「⑤／④」を「50／100」として計算する。

卸売業及び小売業に係る課税取引以外の課税取引	軽減対象資産の譲渡等(税率6.24%適用分)の対価の額の合計額（税抜き）	⑩	円
	軽減対象資産の譲渡等以外の課税資産の譲渡等(税率7.8%適用分)の対価の額の合計額（税抜き）	⑪	

全事業に係る課税取引	軽減対象資産の譲渡等(税率6.24%適用分)の対価の額の合計額（税抜き） （⑧合計＋⑩）	⑫	※付表1-1の①-1D欄へ　円
	軽減対象資産の譲渡等以外の課税資産の譲渡等(税率7.8%適用分)の対価の額の合計額（税抜き） （⑨合計＋⑪）	⑬	※付表1-1の①-1E欄へ

注意　1　金額の計算においては、1円未満の端数を切り捨てる。

2　事業の区分ごとの計算がこの計算表に記載しきれないときは、この計算表を複数枚使用し、事業の区分ごとに①～⑨欄を適宜計算した上で、いずれか1枚の計算表に⑧及び⑨欄の合計額を記載する。

たまたま土地の譲渡があった場合の課税売上割合に準ずる割合の承認

Q 118

B社は、機械部品の製造業を営んでいますが、今回、閉鎖した工場用地を他に譲渡しました。このことにより、当課税期間の課税売上割合が大きく引き下げられてしまうことになりますが、救済措置はないでしょうか。

A

課税売上割合に準ずる割合の適用の承認を受け、土地の譲渡がなかったとした場合の課税売上割合を適用することができます。

解　説

不動産業者以外の課税事業者が、たまたま土地を譲渡し、消費税の課税売上割合が急激に減少する場合、そのまま課税売上割合を適用して消費税額等を算出することは非常に酷な結果になります。そこで、税務署長に対して「課税売上割合に準ずる割合の適用承認申請書」を提出し、承認が受けられれば、土地の譲渡がなかったとした場合の課税売上割合を適用することができます。

その課税事業者にとって、土地を譲渡することが単発の出来事であり、土地の譲渡がなかったとした場合には、事業の実態に変動がないと認められる場合に承認を受けることができます。これは、土地の譲渡により課税売上割合が大きく変動するものの、土地の譲渡の前後で課税事業者の営業の実態に変動がなく、かつ、過去３年間で最も高い課税売上割合と最も低い課税売上割合の差が５％以内である場合が該当します。

承認される課税売上割合に準ずる割合は、次の割合のうち、いずれか低い割合です。

イ　土地の譲渡があった課税期間の前３年に含まれる課税期間の通算課税売上割合

ロ　土地の譲渡があった課税期間の前課税期間の課税売上割合

なお、課税売上割合に準ずる割合は、たまたま土地を譲渡した課税期間に適用するものですから、次の課税期間においては、「課税売上割合に準ずる割合の不適用届出書」を提出しなければなりません。

【参考】

消法30③、33②、消基通11-５-７

第22号様式

消費税課税売上割合に準ずる割合の適用承認申請書

収受印

令和　年　月　日 税務署長殿	申請者	（フリガナ）	
		納税地	（〒　－　） （電話番号　－　－　）
		（フリガナ）	
		氏名又は名称及び代表者氏名	
		法人番号	※ 個人の方は個人番号の記載は不要です。

下記のとおり、消費税法第30条第３項第２号に規定する課税売上割合に準ずる割合の適用の承認を受けたいので、申請します。

適用開始課税期間	自　令和　年　月　日　至　令和　年　月　日		
採用しようとする計算方法			
その計算方法が合理的である理由			
本来の課税売上割合	（課税資産の譲渡等の対価の額の合計額）　円	左記の割合の算出期間	自　平成・令和　年　月　日
	（資産の譲渡等の対価の額の合計額）　円		至　平成・令和　年　月　日
参考事項			
税理士署名	（電話番号　－　－　）		

※　上記の計算方法につき消費税法第30条第３項第２号の規定により承認します。

第　　号

税務署長　　印

令和　年　月　日

※税務署処理欄	整理番号		部門番号		適用開始年月日	年　月　日	番号確認	
	申請年月日	年　月　日	入力処理	年　月　日	台帳整理	年　月　日		
	通信日付印 年　月　日	確認						

注意　１．この申請書は、裏面の記載要領等に留意の上、２通提出してください。
　　　２．※印欄は、記載しないでください。

第23号様式

消費税課税売上割合に準ずる割合の不適用届出書

収受印

令和　年　月　日 ＿＿＿＿税務署長殿	届出者	(フリガナ)	
		納税地	(〒　－　) (電話番号　－　－　)
		(フリガナ)	
		氏名又は名称及び代表者氏名	
		法人番号	※ 個人の方は個人番号の記載は不要です。

下記のとおり、課税売上割合に準ずる割合の適用をやめたいので、消費税法第30条第３項の規定により届出します。

承認を受けている計算方法	
承認年月日	平成 令和　年　月　日
この届出の適用開始日	平成 令和　年　月　日
参考事項	
税理士署名	(電話番号　－　－　)

※税務署処理欄	整理番号		部門番号		番号確認		通信日付印 年　月　日	確認
	届出年月日	年　月　日	入力処理	年　月　日	台帳整理	年　月　日		

注意　1．裏面の記載要領等に留意の上、記載してください。
　　　2．税務署処理欄は、記載しないでください。

ＡＴＭの銀行間利用料の仕入税額控除の方法

Ｃ銀行はＤ銀行との間で、双方の顧客の利便性を向上させるために、双方が運営しているＡＴＭを相互利用する業務提携契約を締結しました。

この業務提携契約を締結したことで、Ｃ銀行の顧客がＤ銀行のＡＴＭを利用して預金の払戻しや振込み、融資資金の払出しなどをすることができるようになりましたが、その場合、Ｃ銀行はＤ銀行に対して銀行間利用手数料を支払います。

Ｃ銀行は、消費税の仕入税額控除の金額を個別対応方式により計算していますが、このＡＴＭの銀行間利用手数料の課税仕入れの区分はどうするべきでしょうか。

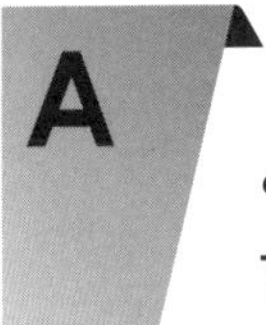

ご質問のＡＴＭの銀行間利用手数料は、課税資産の譲渡等とその他の資産の譲渡等に共通して要する課税仕入れに該当すると考えます。

解　説

消費税の課税仕入れの金額を個別対応方式で計算する場合には、課税仕入れ等の金額を

①　課税資産の譲渡等のみに要するものと

②　その他の資産の譲渡等にのみ要するものと

③　課税資産の譲渡等とその他の資産の譲渡等に共通して要するもの

に区分する必要があります（消法30②一）。

Ｃ銀行とＤ銀行との間のＡＴＭの相互利用に係る銀行間利用手数料は、Ｃ銀行の顧客がＤ銀行のＡＴＭを利用して預金の払出しや振込み、融資資金の払出しなどをするために支払われるもので、これに関連する銀行の収益としては、Ｃ銀行では、振込手数料収入（課税売上げ）や融資による利息収入（非課税売上げ）が考えられます。

したがって、Ｃ銀行がＤ銀行に支払うＡＴＭの銀行間利用手数料は、課税資産の譲渡等とその他の資産の譲渡等に共通して要する課税仕入れに該当すると考えます。

【参考】

消法30②一、消基通11-２-12、11-２-15

第2章

リバースチャージ方式

外国人歌手を招へいした場合の消費税の代理納付

Q 120

Ｅ社は、外国人歌手を招へいして、Ｅ社が運営するイベントに出演させ、国内で出演料を支払います。このような場合、Ｅ社が外国人歌手になり代わって消費税の申告と納税をする必要があるのでしょうか。

A

外国人歌手の役務の提供を受けたＥ社が、リバースチャージ方式により、消費税の申告納税をする必要があります。ただし、経過措置があります。

解　説

国外事業者である俳優や音楽家その他の芸能人又は職業運動家（以下「外国人タレント等」といいます。）が来日してコンサートやゴルフトーナメント等に出場し、役務の提供をした場合などには、国内で役務の提供がなされているわけですから、外国人タレント等が国内で得る収入は消費税の課税対象になります。

しかし、外国人タレント等は、短期間で出国してしまうため、消費税の申告納税がなされない場合が多くありました。その一方で、国内の興行主等は、外国人タレント等に支払った報酬を課税仕入れの対象とします。

そこで、平成27年度の税制改正で、外国人タレント等が国内で行う芸能、スポーツ等の役務の提供につき、その役務の提供を受けた事業者に外国人タレント等に代わって、消費税の申告納税義務を課すこととされました。

この課税方式をリバースチャージ方式と呼びます。

お尋ねの場合には、この制度が適用され、外国人歌手の役務の提供を受けたＥ社が、その外国人歌手に支払った報酬の額を課税標準として、リバースチャージ方式で申告・納付する必要があります。

ただ、リバースチャージ方式は、当分の間は、簡易課税制度を適用しない課税期間（一般課税により申告する課税期間）の課税売上割合が95％未満の事業者の課税期間だけに適用されます。一方、リバースチャージ方式による申告・納税が免除される課税期間においては、課税事業者は、その外国人タレント等に支払った報酬を仕入税額控除の対象とすることができませんので、注意が必要です。

【参考】

消法２①八の五、５①、28①一、消令２の２、平成27年改正法附則48①

第3編

源泉所得税

第1章

非居住者所得に係る源泉徴収

従業員が出国した場合の非居住者期間の初日について

従業員が海外赴任のために出国しました、この従業員の居住者と非居住者の判定をする場合に、出国の日は居住者期間に含まれるのでしょうか、それとも非居住者期間に含まれるのでしょうか。

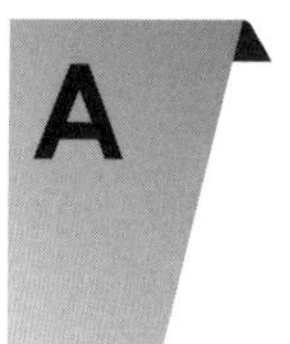

出国の日は居住者期間とすべきであると考えます。

解　説

所得税基本通達２－４《居住者期間の計算の起算日》には、「所得税法第２条第１項第３号《定義・居住者》に規定する「１年以上」の期間の計算の起算日は、入国の日の翌日となることに留意する。」と規定しています。この考え方によれば、非居住者となる場合の起算日は、出国の日の翌日となると思われますので、出国の日は、居住者期間とすべきであると考えます。

なお、租税条約に定める短期滞在者免税の滞在日数の計算においては、実滞在日数によることとされていますから、入国日と出国日の両方ともに滞在日数にカウントされることになります。

【参考】

所基通２－４

会社都合で１年未満で帰国する場合や海外勤務が１年以上になった場合の居住者・非居住者の判定

Q 122

１年以上の予定で海外支店勤務のために出国した従業員が、会社都合で１年未満で帰国して国内勤務となった場合、居住者・非居住者の区分はどうなるのでしょうか。

A

出国の時から非居住者となりますが、１年以内に帰国することになった場合には、そのことが明らかになった日以後は居住者となります。

解　説

居住者・非居住者の判定をする場合には、事情が変わる都度居住者と非居住者の再判定をしますが、遡及して居住者と非居住者の区分を変更することはありません。

１年以上の海外勤務の予定で出国した場合は、出国の時から非居住者とされますが、途中で海外赴任期間が短くなることが明らかになった場合には、その明らかになった日以後は居住者として取り扱います。つまり、赴任期間が短縮された場合であっても、出国の時に遡及して居住者に戻ることはありません。

逆に、当初１年未満の海外赴任の予定で出国した従業員が、予定が延長されて１年以上となった場合ですが、当初１年未満の予定で出国した時には、居住者として出国した訳ですが、事情が変わり１年以上となることが明らかになった日以後は非居住者に該当します。この場合も、出国時に遡ることはありません。

【参考】

所令14、15、所基通２－１、３－３

源泉徴収の対象となる所得の支払地の判定

Q 123

Ａ社は、オーストラリアの法人から特許権の使用許諾を受け、使用料を支払っています。今月分の使用料は、たまたまＡ社の社員がオーストラリアに出張するので現地に持参して支払うことになりましたが、国外支払ということになり、源泉所得税の納期限は翌月末日で構わないでしょうか。

A

実際の金銭の授受が国外で行われた場合であっても、国内で支払事務が行われた場合には国内払いとされ、源泉所得税は翌月10日が納期限となります。

解　説

国内源泉所得が国外払いされる場合の源泉所得税の納期限は、翌月末日とされています（所法212②）。

国内源泉所得が国外で支払われる場合とは、

イ　利子･配当等について、契約に基づく支払代行機関が国外に置かれ、当該代行機関を通じて利子・配当等を支払う場合

ロ　国内で勤務する非居住者に対して、その給与等を国外の本店等が支払う場合

などがあります。

このような場合には、源泉徴収の対象となる国内源泉所得の支払事務を取り扱う場所が国外にあり、国内には源泉所得税の納税地が存在しません。この場合の納期限は支払った日の属する月の翌日末日となります

（所法212②）。

海外出張のついでに支払う場合には、その支払事務（支払額の計算、支出の決定、資金の用意、金員の交付などの一連の手続）が国内でなされたものと認められますので、国内払いとされて、源泉所得税の納期限は支払日の翌月10日とされます。

【参考】

所法212

アメリカ人プロゴルファーに支払う賞金

Q 124

B社が開催したプロゴルフのトーナメントでアメリカの居住者である選手が優勝しました。優勝賞金と副賞の源泉徴収はどのようにすればよいでしょうか。

A

人的役務の提供に対する報酬として源泉徴収の対象になります。

解　説

所得税法上は、お尋ねの場合の賞金と副賞は、国内源泉所得のうち人的役務の提供に対する報酬に該当し、支払の際に源泉徴収の対象となります（所法161①十二イ）。

一方、日米租税条約第16条第1項は、運動家等として日本で行う個人的活動によって取得する所得は、その総収入の額（その運動家等に対して弁償される経費及び運動家等に代わって負担される経費を含みます。）がその課税年度において10,000米ドル又は日本円によるその相当額を超える場合には、日本で課税することができることとされています。

したがって、ご質問の場合は、優勝者であるアメリカ人プロゴルファーの総収入の額が10,000米ドルに相当する日本円の金額を超える場合には、日本で課税されることになり、賞金等を支払う際に所得税及び復興特別所得税を源泉徴収する必要があります。

【参考】

所法161①十二イ、日米租税条約16①

専修学校等の就学生に対する免税条項の適用

Q 125

Ｃ社は、日本語学校に在学中の外国人就学生をアルバイトとして雇用することにしました。学生や事業修習者についての所得税の免税条項を適用することができるでしょうか。

A

日本語学校などの専修学校や各種学校に在学する就学生には、学生、事業修習者又は事業習得者の免税条項は適用されません。

解　説

所得税法上、外国人留学生に関して特別の規定が用意されている訳ではありません。したがって、外国人留学生をアルバイトとして雇った場合には、そのアルバイト給与については、一般の日本人学生のアルバイト給与と同じく所得税及び復興特別所得税の源泉徴収をする必要があります。

最近中国や韓国・東南アジアからの留学生が多数来日して、アルバイトをしています。我が国は現在、これらの国々と租税条約を締結していますので、実務においては租税条約締結の有無とともに、租税条約において所得税法と異なる取扱いが設けられていないかどうかを確認しなければなりません。

例えば、日中租税条約第21条では、「専ら教育を受けるために我が国に滞在する学生で、現に中国の居住者である者又はその滞在の直前に中国の居住者であった者が、その生計、教育等のために受け取る給付又は所得については我が国の租税を免除する。」と規定されています。したがって、この条項に該当する場合には、「租税条約に関する届出書」を所轄の税務署長に提出することで、所得税及び復興特別所得税の源泉徴収をする必要はないことになります。

ところで、学生や事業修習者、事業習得者の範囲については、国内法の規定により解釈することになりますが、一般的には次のようになります。

イ　学生…学校教育法第１条に規定する学校の児童、生徒又は学生

ロ　事業修習者…企業内の見習い研修者や日本の職業訓練所等において訓練、研修を受ける者

ハ　事業習得者…企業の使用人として又は契約に基づきその企業以外の者から高度な職業上の経験等を習得する者

以上より、日本語学校などの各種学校に通う人は、それだけでは免税条項は適用されません。これらの人に対して支払われるアルバイト給与については、居住者か非居住者かの判定を行った上で、判定結果に即した源泉徴収を行う必要があります。

【参考】

租税条約等実施特例省令８、租税条約等

第2章

給与所得者に係る源泉徴収

旅館が受け取るサービス料を従業員に分配した場合

Q 126

旅館業を営むD社では、宿泊者から宿泊料金の10%をサービス料として収受しています。これを従業員に分配した場合は給与所得に該当するでしょうか。また、宿泊客から仲居が受け取ったチップを会社が集約して従業員に分配した場合はどうでしょうか。

A

いずれの場合も、分配した金額は給与所得に該当します。

解　説

D社が宿泊客から受け取るサービス料は、D社の収益としている場合であっても、D社が預り金として経理している場合であっても、旅館が商慣習上宿泊客に請求して収受するものですから、旅館業の収益に計上すべきものです。これを従業員に分配した場合には、給与所得に該当します。

なお、宿泊客から仲居が受け取ったチップを会社が集約した場合には、会社の管理下に置かれた時点で会社の収益と認識されると考えられますので、これを分配した場合も給与所得となります。

ただ、宿泊客から仲居が受け取ったチップを会社が集約せず、受け取った仲居の取り分とすることを認めている場合には、旅館の収入とはならないので、仲居の雑所得となるものと考えます。

【参考】

所法28、35

過去に遡及して支払った残業手当

Ｅ社は、この度労働基準監督署の実地調査を受け、労働者に対して実労働時間に見合う割増賃金を支払うよう行政指導を受けました。そこで、過去３年分の従業員の実労働時間に基づき計算した残業手当と実際に支払った残業手当との差額を一括して支給することとしました。

一括して支給する残業手当の課税年分はどうなるのでしょうか。

各年分に配分すべきであると考えます。

解　説

ご質問の場合は、従業員が過去に勤務した残業手当の不足分を一括支給する訳ですから、給与所得となります。また、本来各支給月に支払われるべきであった残業手当が一括して支払われたものであると認められますので、残業手当が本来支払われるべきであった各支給日の属する年分の給与所得となりますので、過去３年分のそれぞれの年分に分けて、所得税及び復興特別所得税を源泉徴収します（所基通36－９(1)）。

なお、給与規定等が過去に遡って改訂された場合で、残業手当の差額が一括支給されるような場合には、その差額について支給日が定められているときはその支給日、支給日が定められていないときは改訂の効力が生じた日の属する年分の給与所得とされ、所得税及び復興特別所得税を源泉徴収します（所基通36－9(3)）。

【参考】

所基通36－9

海外赴任する社員の配偶者の語学研修費用の負担

Q 128

　Ｆ社では、社員を英語圏以外の国に赴任させる場合、その社員の配偶者に対して次のような語学研修制度により現地語のレッスンを受けさせ、その費用を会社が負担しています。

　この場合のレッスン料は、社員の給与所得とされるのでしょうか。

〔制度の概要〕

1　目的…海外での業務の遂行に当たっては、夫婦単位で行動せざるを得ないことが多く、また、赴任者を業務に専念させるためには、家庭の安定が必要不可欠である。そのために、日常生活に最低限必要な程度の現地語を習得させる必要がある。

2　対象…英語圏以外の国に赴任する社員の配偶者

3　費用…赴任前の国内でのレッスン費用として20万円以内、赴任後の現地でのレッスン費用として10万円以内を負担する。いずれも実費の範囲内とする。

　ご質問の程度の負担であれば、課税しなくて差支えないと考えます。

解　説

ご質問の研修制度は、対象となる者の一般教養を高めるものではなく、対象者が赴任者の配偶者として海外での行事等に参加し、又は自宅で接待するなど赴任者の業務遂行のために必要であることから設けられたものであると考えます。

また、費用負担の対象となる語学研修費用の額は、実費の範囲内であり、かつ、赴任先で生活するうえで最低限必要とされる程度のレッスン費用の額を限度としていますので、所得税基本通達36-29の２《課税しない経済的利益…使用人等に対し技術の習得等をさせるために支給する金品》により社員の給与として課税しなくて差支えないと考えます。

ただ、使途を明らかにするために、レッスン費用をＦ社が社員に支払うのではなく、Ｆ社が教室や講師と契約し直接支払うことが必要であると考えます。

【参考】

所法９①十五、所基通36-29の２

カフェテリアプランによるポイント付与を受けた場合

Q 129

G社は、福利厚生のアウトソーシング会社と契約して、ポイント制のカフェテリアプランを導入します。このカフェテリアプランでは、役員を含む全従業員に年間30,000ポイント（１ポイント＝１円）を均一に付与し、一定の利用条件に従って、用意された健康診断費用の補助や映画や観劇のチケット代金の補助など、約50種類のメニューの中から選択してサービスを受けることができます。年度末のポイントの残高は切り捨てられ、繰越しや換金はできません。

この制度において、役員や従業員に付与したポイントは、経済的利益として源泉徴収の対象とすべきでしょうか。

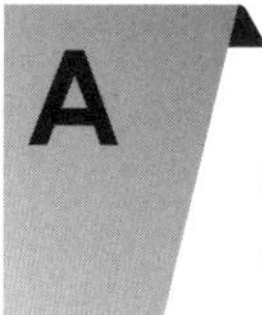

役員や従業員がポイントを利用して受けたサービスの内容によって、課税対象となるかを判断する必要があると考えます。

解　説

雇用者の福利厚生費として源泉徴収の対象としなくて良いものとしては、全役員と従業員を対象とした健康診断の費用負担などがありますが、映画や観劇のチケット代金などは、社員の嗜好が反映されるものであり、源泉徴収の対象となる場合があると考えます。

お尋ねのカフェテリアプランの内容には、源泉徴収すべき内容と源泉徴収しなくても良い内容が混在していると思われますが、各メニューは、一定の利用条件に従って、サービスを受けるという制限があり、サービスを受けないことで金銭が支給されることはありませんから、現に従業員がポイントを利用してサービスを受けたときに、その内容に応じて課税対象となるかどうかを判断することになります。

なお、企業の福利厚生費として課税されない経済的利益とするためには、役員・従業員にとって均等なものでなければならないことから、役員・従業員の職務上の地位や報酬額等に比例してポイントが付与されるものは、カフェテリアプランの全てについて課税の対象となります。

【参考】

所法36、所基通36-29

カフェテリアプランを利用して旅行費用の補助を受けた場合

Q 130

H社のカフェテリアプランにはリフレッシュメニューという項目があり、個人旅行費用やレジャー用品の購入代金、映画や観劇、プロ野球の観戦のチケットの購入代金を最大10,000円まで補助することとしています。

このようなプランの利用料補助は、経済的利益として源泉徴収の対象とすべきでしょうか。

照会の利用料補助は、経済的利益として源泉徴収の対象とすべきであると考えます。

解　説

ご質問のリフレッシュメニューは、使用者であるH社が企画・立案し実施する社内行事のように全従業員等を対象にして一律にサービスを提供するものであるとはいえず、各個人の趣味や嗜好、娯楽に基づく旅行等の本来個人が負担すべき費用を補てんしたものと考えるべきですから、経済的利益として源泉徴収の対象とすべきであると考えます。

参考として、カフェテリアプランのメニューに係る課税上の取扱いの例を示すと、次のとおりです。

1　住宅ローンの利子補給……個人的費用の負担であり給与所得として課税の対象とされます。

なお、平成22年12月31日以前に借り受けた住宅取得借入金に係る利子補給金については、従業員の実質負担利率が一定の利率（基準利率は１％）を下回らない限り課税の対象とされることはありません。

2　社宅の家賃の軽減……従業員が所得税基本通達に定める家賃相当額を負担することになり課税の対象とされません。

3　個人年金の補助……個人的資産の形成に対する補助金を支給したものであり給与所得として課税の対象とされます。

4　旅行費用の補助……個人的費用の負担であり給与所得として課税の対象とされます。

5　通信教育の費用負担……自己啓発のための受講であることから、給与所得として課税の対象とされます。

【参考】

所法36、所基通36-29

カフェテリアプランによる医療費の補助

Q 131

I社のカフェテラスプランには、健康サポートとして、アルコール中毒等の早期発見、再発防止などに係る費用の助成や医師の診断に基づく健康増進施設・運動療養施設の利用料を実費の範囲内（年間50,000円が限度）で補助する制度がありますが、この健康サポートを利用することにより従業員が受ける経済的利益は源泉徴収の対象となるのでしょうか。

A

健康サポートメニューが従業員の健康管理の観点から一般に実施されている健康診断に該当する場合には、課税する必要はないと考えます。また、医療費の補てんに該当する場合も、課税する必要はないと考えます。

解　説

雇用主に対しては、役員や従業員の健康管理の必要から、一般的に実施されている人間ドック程度の健康診断の実施が義務付けられていることなどから、健康サポートのメニューが従業員等の健康管理の観点から一般的に実施されている健康診断に該当するものであれば、課税しなくて差し支えないと考えます。

また、健康サポートメニューの費用が所得税法第73条《医療費控除》に規定する医療費に該当する場合、その費用に相当する経済的利益は、傷病に起因することが明らかであり、また、実費の範囲内で年間50,000円が限度とされていることから、所得税法施行令第30条第３号《非課税とされる保険金、損害賠償金等》に規定する見舞金に類するものとして課税しなくて差し支えないと考えます。

なお、この場合の補助は、医療費を補てんするものですから、医療費控除の金額の計算上、支払った医療費の金額から差し引く必要があります。

【参考】

所法９①十七、36、73、所令30

■著者紹介

税理士　馬場 文明（ばば・ふみあき）

大阪国税局課税第二部法人税課審理係長、同実務指導専門官（審理担当）、課税第一部審理課主査（法人税事前相談担当）、国税訟務官（法人訴訟担当）、岸和田税務署副署長、熊本国税局伊集院税務署長、大阪国税局調査第二部調査第18部門統括官、調査第一部調査審理課長、八尾税務署長を経て、平成30年10月に馬場文明税理士事務所を大阪市中央区谷町六丁目10-26山喜ビルに開設。

【著書】『令和２年３月改訂　消費税の軽減税率と設例による申告書の書き方』（清文社、2020年３月）

改訂増補　調査現場からの厳選蔵出し事例集
税理士が判断に迷う　会社税務130例

2021年８月10日　発行

著　者　馬場 文明 ©

発行者　小泉 定裕

発行所　株式会社 清文社

東京都千代田区内神田１－６－６（MIFビル）
〒101-0047　電話03(6273)7946　FAX03(3518)0299
大阪市北区天神橋２丁目北２－６(大和南森町ビル)
〒530-0041　電話06(6135)4050　FAX06(6135)4059
URL https://www.skattsei.co.jp/

印刷：大村印刷㈱

■本書の追録情報等は、当社ホームページ（https://www.skattsei.co.jp）をご覧ください。

ISBN978-4-433-71171-9